Dietrich Bonhoeffer

Freiheit zum Leben

ausgewählte Texte zur Ethik

Herausgegeben und mit Einführungen versehen
von Peter Zimmerling

BRUNNEN
Verlag GmbH · Giessen

Bibelzitate entsprechen der von Bonhoeffer verwendeten Fassung bzw. dort, wo Bonhoeffer den Predigttext nicht mitgegeben hatte, der Lutherbibel 1912.

Rechtschreibung und Zeichensetzung wurden um der besseren Lesbarkeit willen weitgehend aktualisiert und offensichtliche Fehler korrigiert.

Die hier abgedruckten Texte finden sich auch in Dietrich Bonhoeffer, Ethik, Hrsg. von Ilse Tödt, Heinz Eduard Tödt, Ernst Feil und Clifford Green, DBW Bd. 6, 2., überarb. Aufl., Gütersloh: Gütersloher Verlagshaus, 1998:
Christus, die Wirklichkeit und das Gute. Christus, Kirche und Welt: S. 31-61; Das konkrete Gebot und die göttlichen Mandate. Das Gebot Gottes in der Kirche: S. 392–412; Schuld, Rechtfertigung, Erneuerung: S. 125–136; Die letzten und die vorletzten Dinge: S. 137–162; Das natürliche Leben: S. 179–216; Die Geschichte und das Gute: S. 256–299; Kirche und Welt: S. 342–353; Über die Möglichkeit des Wortes der Kirche an die Welt: S. 354–364

Bei den Seitenzahlen in den Einführungstexten ist zuerst der Verweis auf den in diesem Buch abgedruckten Text angegeben, die zweite Zahl verweist auf DBW Bd. 6.

MIX
Papier aus verantwortungsvollen Quellen
FSC® C014496

Umschlagfoto: Shutterstock
Umschlaggestaltung: Celia Friedland
Satz: DTP Brunnen
Druck: GGP Media GmbH
Gedruckt in Deutschland
ISBN Buch 978-3-7655-3763-9
ISBN E-Book 978-3-7655-7626-3

www.brunnen-verlag.de

Inhalt

Zu dieser Ausgabe

Dietrich Bonhoeffer wurde am 9. April 1945 von den Nazis hingerichtet. 2015 war es 70 Jahre her, dass dieses Verbrechen geschah. Nach 70 Jahren werden die Bücher und Texte eines Verstorbenen „gemeinfrei“. Das schien dem Brunnen Verlag und mir eine gute Gelegenheit, die allgemein verständlichen Werke Bonhoeffers neu herauszugeben und einem größeren Lesepublikum zugänglich zu machen. Inzwischen sind insgesamt acht Bände erschienen. Zunächst vier Bücher, die bereits zu seinen Lebzeiten gedruckt wurden: *„Die Psalmen – Das Gebetbuch der Bibel“*, *„Gemeinsames Leben“*, *„Nachfolge“*, *„Schöpfung und Fall“*. Es folgten zwei Bände mit Texten aus dem Gefängnis (bekannt geworden unter dem Titel „Widerstand und Ergebung“): Unter dem Titel *„Aber bei dir ist Licht“* Gebete, Gedichte und Gedanken Bonhoeffers und unter dem Titel *„Du wartest jede Stunde mit mir“* seine Briefe aus dem Gefängnis an die Eltern, die Verlobte Maria von Wedemeyer und den Freund und theologischen Gesprächspartner Eberhard Bethge. Schließlich folgten noch zwei Bücher mit einer Auswahl von Predigten Bonhoeffers: der Band *„Bleibt der Erde treu“* und der Band *„Ist Dein König nicht bei Dir?“* mit „Bibelarbeiten und Predigten an Wendepunkten“, also Bonhoeffers Kasualpredigten.

Die Bonhoeffer-Reihe im Brunnen Verlag findet mit dem vorliegenden neunten Band ihren Abschluss. Er enthält eine repräsentative Auswahl der Ethikfragmente, die erstmals 1949 als Buch erschienen sind und überhaupt das erste postum aus dem Nachlass herausgegebene Werk Bonhoeffers waren.

Leipzig, im Frühjahr 2021 *Peter Zimmerling*

Einführung von Peter Zimmerling

Entstehung und Hintergrund

Im September 1939 trat Dietrich Bonhoeffer offiziell als ziviler V-Mann in die Abwehr ein.[1] Das Amt stand unter der Leitung von Admiral Canaris und General Oster. Hans von Dohnanyi, Bonhoeffers Schwager, gehörte zu den leitenden Mitarbeitern und hatte ihm den Weg in die Abwehr gebahnt.[2] Obwohl die Aufgabe des Amtes offiziell darin bestand, Spionage-Aktivitäten ausländischer Geheimdienste gegen das Dritte Reich aufzudecken, waren dessen führende Männer gleichzeitig in der Konspiration gegen Hitler aktiv. Durch seine Mitarbeit in der Abwehr wurde Bonhoeffer zum Doppelagent. Seine theologischen Überlegungen mussten sich dadurch noch einmal ganz neu und anders als bisher bewähren, nämlich außerhalb von Theologie und Kirche in einem weltlichen Tätigkeitsbereich auf dem Feld des gesellschaftspolitischen Engagements, im aktiven Widerstand gegen den Nationalsozialismus. Allerdings hat Bonhoeffer auch während seiner Teilnahme an der Verschwörung gegen Hitler seine Mitarbeit in der Bekennenden Kirche nie aufgegeben.[3] Sein offizieller Beruf war und blieb der eines Visitators der Bekennenden Kirche. Dieser Tatsache entspricht die Beobachtung, dass er Teile der „Ethik“ aller Wahrscheinlichkeit nach für den Bruderrat der Bekennenden Kirche verfasst hat.

Zwei Ziele prägten die Arbeit in der Konspiration: Einerseits planten speziell die Mitglieder des militärischen Widerstands die gewaltsame Beseitigung Hitlers, andererseits ging es den Verschwörern um die gesellschaftliche Neuordnung

Deutschlands nach dem Krieg. Beide Herausforderungen prägten Bonhoeffers Arbeit an der „Ethik". An vielen Stellen lassen sich zeitgeschichtliche Bezüge nachweisen, ohne dass er – aus verständlichen Gründen – diese unmittelbar zum Ausdruck gebracht hätte.

Für Bonhoeffer hatte die Arbeit an seiner „Ethik" von Anfang an einen sehr hohen Stellenwert. Am 18. November 1943 schrieb er aus dem Gefängnis an Eberhard Bethge: „Persönlich mache ich mir Vorwürfe, die Ethik nicht abgeschlossen zu haben (zum Teil ist sie wohl beschlagnahmt) [...]."[4] Im Brief vom 15. Dezember 1943 meinte er sogar: „[...] manchmal denke [ich], ich hätte nun eigentlich mein Leben mehr oder weniger hinter mir und müsste nur noch meine Ethik fertigmachen."[5] Neben der Kirche war die Ethik im Laufe seines Lebens mehr und mehr zum bestimmenden Thema von Bonhoeffers theologischem Nachdenken geworden. Spätestens seit seinem Vortrag über „Grundfragen einer christlichen Ethik" in Barcelona 1929 hat er sich immer wieder öffentlich zu ethischen Problemen geäußert. Vor allem durch den Studienaufenthalt am Union Theological Seminary in New York 1930/31, wo er mit der Diskriminierung der Schwarzen in den Vereinigten Staaten konfrontiert wurde, und durch die Mitarbeit in ökumenischen Organisationen in den nachfolgenden Jahren wurde sein Blick auf ethische Fragestellungen gerichtet. Es ging ihm, ausgehend von seiner Entdeckung der Bergpredigt als Richtschnur christlichen Handelns, in seinem ethischen Nachdenken immer stärker um die Frage nach der Verkündigung des „konkreten Gebots" durch die Kirche. „In Zeiten, in denen die Lebensordnungen fest und allgemein anerkannt sind, mag das Ethische vor allem als theoretisches Problem behandelt werden. Bonhoeffer aber wurde durch äußerst konkrete und gefährliche Probleme bedrängt und wollte gerade sie erörtern, als er seine ‚Ethik'-Manuskripte schrieb."[6] Zu diesen „äußerst konkreten und gefährlichen Problemen“ zählten die nationalsozialistische Unterwanderung der Kirche, die Kriegslüsternheit Hitlers und das Juden-Vernichtungs-Programm des Dritten Reiches.

Unerlässliche Voraussetzung der Verkündigung des konkreten Gebots durch die Kirche stellt für Bonhoeffer die Nachfolge Jesu Christi dar. Bonhoeffers Fragestellung, die sein Buch „Nachfolge“ zu beantworten sucht, lautet: Wie sieht im Kampf mit dem Nationalsozialismus Nachfolge Jesu Christi konkret aus? Die „Nachfolge“ will junge Theologen befähigen, angesichts der Bedrohung durch den Nationalsozialismus in der Nachfolge zu beharren. Das Anliegen der „Ethik“ ist auf der gleichen Linie zu suchen. Sie will angesichts gefährlicher werdender ethischer Herausforderungen Antworten für ein konkretes – der Nachfolge gemäßes – Verhalten geben. Da die Adressaten der „Ethik“ nicht primär Theologen, sondern Juristen und Militärs sind, hält sie sich allerdings nicht so eng wie die „Nachfolge“ an die Sprache der Bibel und der Verkündigung. Die Ethik-Fragmente besitzen genauso wie der Rechenschaftsbericht „Nach zehn Jahren“, verfasst an Weihnachten 1942 für Eberhard Bethge, Hans von Dohnanyi und Hans Oster, zum großen Teil seelsorgerlichen Charakter. Die Schriften sind aus dem Bedürfnis heraus entstanden, das Handeln der Verschwörer theologisch zu legitimieren. Bonhoeffer stellt darin seine theologischen Erkenntnisse in den Dienst der seelsorgerlichen Begleitung der Mitverschwörer. Es handelt sich um eine Form von politischer Seelsorge auf dem Feld des theologischen Denkens.

Bonhoeffer hat die „Ethik“ nicht abschließen können, sondern ist mitten in der Arbeit am Manuskript von der Gestapo verhaftet worden. Eberhard Bethge fand nach der Gefangennahme eine Reihe von Zettelnotizen zur „Ethik“ auf Bonhoeffers Schreibtisch. Teile des Manuskripts waren zunächst beschlagnahmt worden. Das Manuskript überstand den Krieg zum Teil unter Dachsparren verborgen, zum Teil im Garten vergraben. Nach dem Krieg stellte Eberhard Bethge aus den erhaltenen Entwürfen, Notizen und abgeschlossenen Teilarbeiten die „Ethik“ zusammen. Sie ist 1949 als Buch erschienen und war damit das erste postum aus dem Nachlass herausgegebene Werk Bonhoeffers. Erst als zweites kam „Widerstand und Ergebung“ 1951 heraus. Dabei machte nicht die „Ethik“, sondern erst „Widerstand und Ergebung“ Bonhoeffer weltberühmt. Die Reaktionen auf die erste Ausgabe der „Ethik“ waren ziemlich gering. Erst im Gefolge der Beschäftigung mit „Widerstand und Ergebung“ setzte ein verstärktes Interesse auch an der „Ethik“ ein.

Die vorliegende Auswahlausgabe der „Ethik“ entspricht weithin der Neuordnung der Manuskripte, wie sie von den Herausgebern für Bd. 6 der DBW (Dietrich Bonhoeffer Werke) in den 1990er-Jahren vorgenommen wurde. Sie haben mit Akribie und detektivischem Spürsinn die Reihenfolge der Texte nach ihrem Entstehungszeitpunkt rekonstruiert, wobei ein Bündel von Kriterien berücksichtigt wurde (z. B. mögliche Hinweise auf die Texte in zeitgleichen Briefen, Papiersorte und -qualität, Schriftbild, Tintenschattierung, Füllfederbreite, Blei-, Kopier- und Farbstiftbenutzung). Für die Neuherausgabe wurden überdies sämtliche Originalmanuskripte noch einmal sorgfältig in Augenschein genommen. Inhaltliche Kriterien – etwa im Sinne einer angenommenen Weiterentwicklung von Bonhoeffers Denken, wie sie noch bei der Erstausgabe von 1949 und noch einmal bei der 6. Auflage der „Ethik“ von 1963 eine Rolle gespielt haben – blieben unberücksichtigt. Leserinnen und Leser sollten sich klarmachen, dass weder die von Bethge zusammengestellte „Ethik“ noch die der DBW identisch ist mit dem Buch, das Bonhoeffer selbst zur Drucklegung gebracht hätte. Wie wir von seinen anderen Büchern her wissen, sind seine Manuskripte nicht nach einem von vornherein feststehenden Gliederungsplan entstanden, sondern erst allmählich organisch zusammengewachsen, sodass jede auf inhaltlichen Kriterien beruhende Rekonstruktion nur begrenzten Wert besitzt.

Eines hat die jüngste Rekonstruktion der Textteile der Ethik nach ihrem Entstehungszeitpunkt in inhaltlicher Hinsicht belegt: Der früher angenommene Bruch zwischen Bonhoeffers ethischen Überlegungen und seiner neuen Theologie in „Widerstand und Ergebung" lässt sich so nicht aufrechterhalten, vielmehr muss von einer Kontinuität ausgegangen werden. Gerade die zuletzt, also unmittelbar vor der Verhaftung, verfassten Teile der „Ethik" weisen eine große inhaltliche Nähe zur „Nachfolge" auf.

Theologiegeschichtliche Zusammenhänge

Zum Verständnis von Bonhoeffers ethischen Überlegungen ist es hilfreich, sich kurz die theologiegeschichtlichen Zusammenhänge ihrer Entstehung vor Augen zu stellen. Mit der Revolution am Ende des Ersten Weltkriegs war in Deutschland die Monarchie abgeschafft und damit die traditionelle Verbindung von „Thron und Altar" aufgelöst worden. Die Kirche existierte fortan nicht länger als Staatskirche. An die Stelle der Monarchie als Schutzmacht des Protestantismus war die weltanschaulich neutrale Weimarer Republik getreten. In den Anfangsjahren wurde sie durch die sozialdemokratische Partei dominiert, die damals überwiegend kirchenkritisch eingestellt war und von ihren kommunistischen Wurzeln her den christlichen Glauben weithin ablehnte. Eine protestantische Ethik, die Antworten auf die für die Kirche und das protestantische Christentum vollkommen neue Situation hätte geben können, gab es nicht.

„Im protestantischen Vorkriegsmilieu hatten Religion, Kultur und Staat [...] sich im grundlegenden Einvernehmen entwickelt."[7] Die damals vorherrschende liberale Theologie strebte eine Symbiose von Christentum und Kultur an. Durch den Zusammenbruch der Monarchie nach dem Ersten Weltkrieg ohne realpolitischen Rückhalt war diese Harmonie durch Karl Barth auch in theologischer Hinsicht als unbiblisch gekennzeichnet worden. Seine dialektische Theologie ging davon aus, dass aufgrund der Sünde zwischen Gott und Mensch ein „unendlicher qualitativer Unterschied" besteht. Eine mögliche positive Beziehung zwischen Glaube und Kultur bzw. zwischen Staat und christlicher Gemeinde oder Kirche stand von daher nicht zur Debatte.

Parallel zur dialektischen Theologie kam es in den 1920er-Jahren zu einer vor allem von Karl Holl ausgelösten Lutherrenaissance. Diese war zwar genau wie Karl Barths Theologie offenbarungstheologisch orientiert. Sie ergänzte die biblische Orientierung jedoch in den 1920er-Jahren durch die Kategorie des Volkes als natürliche Ordnung bzw. sogar als Schöpfungsordnung Gottes. Eine andere ethische Strömung, vertreten durch zwei weitere führende Vertreter der dialektischen Theologie, Rudolf Bultmann und Friedrich Gogarten, lehnte ungefähr zur gleichen Zeit die Möglichkeit einer speziellen christlichen Ethik überhaupt ab. Schließlich bildete sich eine „neulutherische" Ethik heraus, deren Vertreter aufgrund einer höchst einseitig interpretierten lutherischen Zwei-Reiche-Lehre davon ausgingen, dass Kirche und Staat nach Gottes Willen unabhängig voneinander existierten und mit je eigenem Auftrag und Gesetz von Gott ausgestattet sind. Sie behaupteten, „dass das Gesetz Gottes [...] für den Christen konkret [werde] in den sittlichen Forderungen der natürlichen Ordnungen, nämlich Familie, Volk und Rasse, auf diese habe das Evangelium keinen Einfluss."[8] Es leuchtet ohne Weiteres ein, dass von hier aus eine theologische bzw. kirchliche Kritik an staatlichem, d. h. nationalsozialistischem, Unrechtshandeln sehr erschwert war. Bonhoeffer hat seine „Ethik" in der Auseinandersetzung mit dem liberalen und mit diesem neulutherischen Ansatz formuliert.

Theologische Eigenart

Den Ausgangspunkt der „Ethik" bildet die theologische Frage, „wie die in Jesus Christus offenbar gewordene Wirklichkeit Gottes im menschlichen Leben in der Welt Gestalt gewinnen kann".[9] Bonhoeffers ethischer Ansatz ist also, genauso wie seine ganze übrige Theologie, konsequent christologisch ausgerichtet. Damit zeigt sich auch an dieser Stelle die inhaltliche Nähe seines theologischen Denkens zu Karl Barth. Diese Nähe bringt Bonhoeffer selbst in einem Brief wie folgt zum Ausdruck: „Er [Karl Barth] bezieht (gut biblisch) alle Ordnungen der geschaffenen Welt streng auf Christus und sagt, dass sie nur von ihm her recht zu verstehen seien und an ihm ihre Ausrichtung finden müssten."[10] Es geht Bonhoeffer in seiner „Ethik" ebenso wie Barth darum, zu zeigen, wie einerseits die Wirklichkeit der Welt, „alle Ordnungen der geschaffenen Welt", ihr Recht behalten. Andererseits will er deutlich machen, dass die Ordnungen der Welt gerade dadurch zu ihrem Recht kommen, dass sie von der Offenbarung Gottes in Jesus Christus her neu interpretiert und auf diese hin ausgerichtet werden. Voraussetzung für die „Ethik" ist daher Bonhoeffers Überzeugung, dass die Aufrichtung der Christusherrschaft über die Welt sie nicht unter ein ihr fremdes Gesetz zwingt. Die Christusherrschaft bedeutet gerade keine Fremdbestimmung für die Welt, sondern verhilft ihr, zu ihrem Eigenen zu finden. Grund dafür ist die Schöpfungsmittlerschaft Jesu Christi: Die Welt ist durch ihn geschaffen. Indem sie das Gebot Jesu Christi befolgt, findet sie zu ihrem Eigenen zurück, erfüllt sie ihre Bestimmung.

Bedeutung für heute

Die Rezeption der Ethik sah und sieht sehr unterschiedlich aus. Neben wohlwollenden gab und gibt es kritische Stimmen, die Bonhoeffers Überlegungen für überholt halten.[11] Die folgenden Überlegungen wollen deutlich machen, dass es sich auch heute noch lohnt, sich mit Bonhoeffers Ethik zu beschäftigen.

- Eine wesentliche Stärke von Bonhoeffers ethischer Konzeption besteht in ihrer konsequenten Orientierung an Jesus Christus. Es gelingt Bonhoeffer damit, gleichermaßen die Bezogenheit auf Christus und die Würde des weltlichen Lebens herauszustellen. Unter der Herrschaft Jesu Christi kommen die weltlichen Ordnungen nicht unter eine Fremdherrschaft, sondern zu ihrem eigentlichen Wesen. Sinn und Ziel der Christusherrschaft über die Welt ist nicht die Verchristlichung oder Verkirchlichung der weltlichen Ordnungen, sondern ihre Befreiung zu echter Weltlichkeit, wobei Weltlichkeit bei Bonhoeffer nicht mit „platter und banaler Diesseitigkeit" verwechselt werden darf. Er versteht sie als „tiefe Diesseitigkeit", die „voller Zucht" ist und „in der die Erkenntnis des Todes und der Auferstehung immer gegenwärtig ist",[12] wie er später in „Widerstand und Ergebung" schreibt.
- Bonhoeffer nimmt in seiner Ethik einerseits Gedanken der reformatorischen Ethik auf und führt sie andererseits angesichts der Herausforderungen seiner Zeit kongenial weiter. Das lässt sich besonders deutlich am Beispiel seiner Mandatenlehre zeigen. Wie Luther geht Bonhoeffer

davon aus, dass sich der Christ in den „weltlichen" Bereichen der Wirklichkeit nicht anders als im Raum der Kirche als Christ zu bewähren hat. Durch das Neuluthertum war es hier zu einer Uminterpretation von Luthers ursprünglichem Ansatz gekommen, die zu einer Verselbstständigung, ja sogar zu einer Eigengesetzlichkeit der weltlichen Wirklichkeitsbereiche führte. Eine angesichts des Dritten Reiches folgenschwere Fehlinterpretation. Bonhoeffers Mandatenlehre stellt demgegenüber Luthers Intentionen wieder her. Er holt die „weltlichen" Mandate der Arbeit, der Ehe und der Obrigkeit in den Gültigkeitsbereich des göttlichen Gebots zurück. Allerdings betont Bonhoeffer stärker als Luther die bleibende Abhängigkeit der Mandate von ihrem göttlichen Auftraggeber. Göttlich sind diese Mandate nur aufgrund ihres göttlichen Auftrags, nicht aus sich selbst heraus. Das zeigt sich z. B. daran, dass nach Bonhoeffers Auffassung ein Mandat im Extremfall bei permanenter Missachtung des göttlichen Gebotes erlöschen kann. Dabei hängt die unterschiedliche Akzentuierung mit dem unterschiedlichen Gegner Luthers bzw. Bonhoeffers zusammen. Ging Luthers Kampf gegen die mittelalterliche Verkirchlichung und Klerikalisierung des weltlichen Lebens, so ging Bonhoeffers Einsatz gegen die These von der Eigengesetzlichkeit der Weltwirklichkeit, die unter dem Nationalsozialismus zu einer Zerstörung von Freiheit und Gerechtigkeit führte.

- Heute, angesichts einer pluralistisch verfassten, weltanschaulich neutralen Zivilgesellschaft, erweist sich die Ethik Bonhoeffers erneut als zukunftsfähig. Seine ethische Konzeption erlaubt es ihm, daran festzuhalten, dass die Verantwortung der christlichen Gemeinde für die Welt zwei Brennpunkte besitzt. Der eine besteht in der Christusverkündigung: „Eine Verkündigung an die Welt ohne Christuszeugnis, d. h. ohne den allein tragfähigen Grund einer solchen Verkündigung, ist für das Neue Testament undenkbar. So ist die entscheidende Verantwortlichkeit der Gemeinde für die Welt immer die Christusverkündigung."[13] Der andere Brennpunkt besteht in der Mitverantwortung für das menschliche Zusammenleben.[14] „Je ausschließlicher wir Christus als unseren Herrn erkennen und bekennen, desto mehr enthüllt sich uns die Weite seines Herrschaftsbereiches."[15] Der persönliche Glaube an Jesus Christus und die Teilhabe am Leben der Mitmenschen in der Gesellschaft gehören untrennbar zusammen.

- Dabei besticht der Realismus, mit dem Bonhoeffer die unterschiedliche Situation der christlichen Gemeinde je nach Größe und Staatsform berücksichtigt und daraus die unterschiedlichen Möglichkeiten der Mitverantwortung bestimmt: „Es gibt durchaus verschiedene Möglichkeiten für die Gemeinde ihre Verantwortung gegenüber der Welt wahrzunehmen; anders wird sie es tun in der Missionssituation, anders in der Situation staatlicher Anerkennung der Kirche, anders in Verfolgungszeiten. Die Missionsgemeinde in der Minorität wird durch volle Konzentration auf die Christuspredigt als Ruf zur Gemeinde sich erst die Bahn brechen müssen, um irgendwie weltlich mitverantwortlich arbeiten zu können; für die staatlich anerkannte Kirche und für die Christen in weltlichem Amt und Verantwortung gehört die Bezeugung des Gebotes Gottes über Staat, Wirtschaft etc. zum Christusbekenntnis. Je mehr die Christen in die Situation nach Apokalypse 13 nicht die am Unrechttun der Welt Verantwortlichen, sondern selbst die Unrecht Leidenden sind, desto mehr wird sich ihre Verantwortung für die Welt nur noch in gehorsamem Leiden und in ernster Gemeindezucht bewähren."[16]
- Heute befinden wir uns in Deutschland in einer Situation des Übergangs, was es nicht leicht macht, die Aufgabe der Kirche zwischen Mission und gesellschaftlicher Mit-

verantwortung konkret zu bestimmen. Beobachter sind sich uneins, ob wir noch in einer spät- oder bereits in einer nach-volkskirchlichen Zeit leben. Dabei ist nicht zu leugnen, dass die Situation der großen Kirchen bis auf Weiteres von einer privilegierten Partnerschaft mit dem Staat geprägt bleiben wird. Angesichts dessen hat die Stimme der Kirche in gesellschaftlichen Debatten durchaus Gewicht. Aufgrund fortschreitender Entkirchlichungs- und Säkularisierungsprozesse wird jedoch gleichzeitig die Erfüllung des missionarischen Grundauftrags der christlichen Gemeinden immer wichtiger und sollte nicht von ihrem sozialethischen Engagement in den Hintergrund gedrängt werden.

- Aktuell ist schließlich auch Bonhoeffers Erkenntnis, dass die kirchliche Verkündigung die weltlichen Ordnungen unter die Christusherrschaft und unter den Dekalog zu führen hat.[17] Ohne explizite Verkündigung der Christusherrschaft und des Dekalogs können die weltlichen Ordnungen ihren Dienst nur in beschränktem Maße und in vorläufiger Weise tun. „Also nicht zum Absehen von Christus, sondern zur vollen Verkündigung der Gnade der Christusherrschaft, kann die Kirche durch die Erkenntnis geführt werden, dass hier und da auch ohne *gehörte* Predigt – aber doch niemals ohne das *Dasein Jesu Christi*! – weltliche Ordnung möglich ist. Der unbekannte Gott wird nur als der bekannte, weil offenbarte, gepredigt."[18] Aus dem Gesagten folgt, dass die kirchliche Verkündigung sich nicht mit einer allgemeinen Ethik der Liebe zufriedengeben darf, sondern in gegenwärtigen ethischen Streitfragen wagen muss, das konkrete Gebot Gottes in öffentlichen Diskussionen engagiert zu vertreten.

Christus, die Wirklichkeit und das Gute. Christus, Kirche und Welt

Einführung

Bonhoeffer versucht in diesem Abschnitt das Denken in zwei Räumen – hier Kirche, dort Welt – zu überwinden, ohne ihre Unterschiedenheit aufzugeben. Dabei stand er vor der doppelten theologischen Herausforderung: Zum einen begründen zu müssen, warum es keinen Bereich der Welt gibt, der nicht der Herrschaft Jesu Christi untersteht, und zum anderen, warum Welt und christliche Gemeinde trotzdem zu unterscheiden sind. Die unauflösliche Zusammengehörigkeit zwischen Gott und Welt begründet Bonhoeffer christologisch mit der Schöpfungsmittlerschaft und der Menschwerdung Jesu Christi. Auch im Hinblick auf die Unterscheidung zwischen Gott und Welt argumentiert er streng von Christus her: Durch das Kreuz Jesu Christi hat Gott über die Welt, so wie sie ist, sein Nein gesprochen.

Wie die gleichzeitige Zusammengehörigkeit und Unterschiedenheit zwischen Gott und Welt im Alltag konkret gelebt werden kann, löst Bonhoeffer durch seine Mandatenlehre. Für jeden, der schon einmal am gregorianischen Psalmgesang teilgenommen hat, wird sich beim Begriff „Mandat" die Erinnerung an „mandatum" als Übersetzung für Gebot bzw. Gesetz Gottes im lateinischen Psalter einstellen. Ein Mandat ist weniger eine unpersönliche, feststehende Größe, ein Gesetz, als vielmehr ein persönliches Gebot Gottes im Blick auf das Handeln.

Die Mandatenlehre als Ganzes wie auch die einzelnen Mandate müssen konsequent vom christologischen Grundansatz der Theologie Bonhoeffers her verstanden werden. „Göttlich sind diese Mandate allerdings allein um ihrer ursprünglichen und endlichen Beziehung auf Christus willen" (44/55f.). [Die erste Seitenzahl verweist hier und im Folgenden auf dieses Buch, die zweite auf DBW, Bd. 6.] *Indem Bonhoeffer mit der Mandatenlehre begründet, wieso es keine Bereiche der Wirklichkeit gibt, die nicht der Herrschaft Jesu Christi unterstehen, befindet er sich im Einklang mit der zweiten These der „Barmer Theologischen Erklärung" von 1934: „Wir verwerfen die falsche Lehre, als gebe es Bereiche unseres Lebens, in denen wir nicht Jesus Christus, sondern anderen Herren zu eigen wären, Bereiche, in denen wir nicht der Rechtfertigung und Heiligung durch ihn bedürften."*

Bonhoeffer leitet vier Mandate aus der Bibel ab: Arbeit, Ehe, Obrigkeit, Kirche. Er modernisierte damit die Ständelehre Luthers, ohne sie aufzugeben. Ein erster Schritt zu dieser Modernisierung bestand darin, dass er den Nährstand, entsprechend der neuzeitlichen Trennung von Wohn- und Arbeitswelt, in die Mandate der Arbeit und Ehe aufteilte. Für Luther lag der Ursprung der Arbeit noch in der Ehe bzw. Familie als dem Mittelpunkt des wirtschaftenden Hauses (griechisch: oikos). Vor allem überführte Bonhoeffer die Mandate „aus der traditionellen lutherischen Ordnungs- und Stände-Lehre in den dynamischen Zusammenhang des geistlichen und weltlichen Regimentes Gottes in der Welt, sodass das auftraggebende Wort Gottes entscheidend ist, nicht der soziologische Bestand."[19] *Die Konsequenz ist, dass jeder Mensch – der modernen freiheitlich-demokratischen Gesellschaftsordnung entsprechend – als unter allen vier Mandaten lebend gedacht werden muss: „Gott hat die Menschen unter alle diese Mandate gestellt, nicht nur jeden Einzelnen unter je eines derselben, sondern alle Menschen unter alle vier"* (44/55). *Der dynamische Grundzug von Bonhoeffers Mandatenlehre zeigt sich außerdem daran, dass sich jedes Mandat durch seine permanente Orientierung an der christologischen Beauftragung auszeichnet. Dadurch bekommt das Mandat eine stärker situative Komponente. Nicht umsonst spricht Bonhoeffer ausdrücklich vom Mandat und nicht von Ordnung oder Stand* (44/54f.).

Der dynamische Grundzug der Mandate wird schließlich an der Möglichkeit sichtbar, dass das göttliche Mandat im konkreten Fall erlöschen kann (45/56). *Allerdings ist dabei deutlich Bonhoeffers Bestreben zu spüren, das Erlöschen eines Mandats als Sonderfall, als wirkliche Ausnahme, zu charakterisieren. Nur „in der beharrlichen und willkürlichen Durchbrechung des Auftrages" erlischt ein göttliches Mandat im konkreten Fall. Man hat Bonhoeffer im Zusammenhang solcher Äußerungen eines überholten Konservativismus bezichtigt. Umgekehrt wurde er für andere Interpreten zum bewunderten Vertreter einer konservativen Werteethik.*[20] *Beides geht m. E. an den Tatsachen vorbei. Dahinter steht vielmehr Bonhoeffers theologisches Bestreben, jedem Ausweichen vor dem konkreten Gebot, das in diesem Fall dem Einzelnen in Gestalt der Mandate von Gott gegeben ist, einen Riegel vorzuschieben. Allerdings war er genauso davon überzeugt, dass das Neue nicht schon an sich das Bessere sein muss.*

Nun zum konkreten Inhalt der einzelnen Mandate: Leider hat Bonhoeffer sich dazu nur fragmentarisch geäußert. Am weitesten sind seine Überlegungen im Hinblick auf die Gestalt des Mandats der Kirche gediehen (60-70/398-412).

Das Mandat der Arbeit

Das Mandat der Arbeit führt Bonhoeffer auf die Erschaffung des Menschen zurück (45/57). *Nach Gen 2,15 soll der Mensch den Garten Eden „bebauen und bewahren". Die Arbeit gehört zu seiner schöpfungsgemäßen Bestimmung. Der Auftrag zur Arbeit bleibt auch nach dem Sündenfall bestehen, da in Gen 3,17-19 Gott Adam dazu verurteilt, sich sein Leben lang mit Mühsal vom Acker zu nähren. Der weitere Verlauf der Urgeschichte in Gen 4,17ff zeigt für Bonhoeffer, dass das Mandat der Arbeit nicht nur den Ackerbau, sondern auch die Wirtschaft, die Wissenschaft und die Kunst umfasst.*

Zumindest ungewöhnlich ist die christologische Begründung des Mandats der Arbeit. Indem der Mensch arbeitet, wird diese Welt zum Abbild der himmlischen Welt und damit zu einer Welt, die auf die Wiederkunft Christi wartet. „Durch das göttliche Mandat der Arbeit soll eine Welt entstehen, die – darum wissend oder nicht – auf Christus wartet, auf Christus ausgerichtet ist, für Christus offen ist, ihm dient und ihn verherrlicht" (46/58). *Die christologische Begründung der Arbeit wird für Bonhoeffer weder dadurch infrage gestellt, dass viele Menschen gar nicht wissen, dass sie mit ihrer Arbeit an der Herstellung des Abbilds der himmlischen Welt mitwirken, noch dass es der in der Sünde verstrickte Mensch ist, der hier arbeitet. Bonhoeffer meint, dass die menschliche Arbeit auch dann noch die Signatur ihrer Bestimmung durch Jesus Christus trägt. Wie verzerrt, wie pervertiert auch immer: Die von Kain gebaute erste menschliche Stadt ist ein Abbild der himmlischen Stadt Gottes, des Neuen Jerusalem. So gewähren die von den Menschen gerade erfundenen Geigen und Flöten (Gen 4,21) einen Vorgeschmack der himmlischen Musik. Genauso weisen die Förderung und Verarbeitung der Metalle, die dem Schmuck der Häuser dienen, auf die himmlische Stadt mit ihrem Gold und ihren Edelsteinen hin.*

Das Mandat der Ehe

Wie das Mandat der Arbeit führt Bonhoeffer auch das Mandat der Ehe auf die Erschaffung des Menschen durch Gott zurück (46/58). *Charakteristikum der Ehe ist, dass Menschen in ihr als Voraussetzung für ihre Fruchtbarkeit eins werden. Wie beim Mandat der Arbeit bekommt der Mensch durch das Mandat der Ehe Anteil am Schöpfersein Gottes: Er wird von Gott befähigt, in der Ehe neues Leben zu schaffen.*

Die konsequent christologische Ausrichtung des Mandats der Ehe begründet Bonhoeffer mit Eph 5,31f: Das Einssein von Mann und Frau in der Ehe weist auf die Einheit von Christus und seiner Kirche hin. Ziel der Fruchtbarkeit in der Ehe ist für Bonhoeffer nicht anders als für Luther, dass „Menschen erzeugt [werden] zur Verherrlichung und zum Dienste Jesu Christi und zur Mehrung seines Reiches“ (46/58). *Das kann allerdings nur geschehen, wenn in der Ehe die Kinder zum Gehorsam Jesu Christi erzogen werden. Darum gehört für Bonhoeffer zur Bestimmung der Ehe, dass die Eltern erkennen, dass sie als Erzeuger und Erzieher in Gottes Auftrag als dessen Stellvertreter handeln.*

Das Mandat der Obrigkeit

Zwischen den Mandaten der Arbeit und der Ehe und dem Mandat der Obrigkeit besteht für Bonhoeffer ein wesensmäßiger Unterschied. Er definiert das Mandat der Obrigkeit gegen-

über den beiden erstgenannten als subsidiär, weil die Obrigkeit keine generative Funktion besitzt. „Das göttliche Mandat der Obrigkeit setzt die göttlichen Mandate der Arbeit und der Ehe schon voraus. […] Die Obrigkeit kann nicht selbst Leben oder Werte erzeugen, sie ist nicht schöpferisch […]" (47/58). *Schon Luther meinte, dass der politische Stand, die Obrigkeit, nicht wie Kirche und Ehe bzw. Hausstand eine Schöpfungsordnung, sondern eine Notordnung sei.*[21] *Die Konsequenz der Überlegungen Bonhoeffers besteht in einer Zurückdrängung der Bedeutung der Obrigkeit. „Niemals darf die Obrigkeit selbst zum Subjekt dieser Arbeitsbereiche [des Mandats der Arbeit und der Ehe] werden wollen, ohne das göttliche Mandat derselben wie auch ihr eigenes ernstlich zu gefährden"* (47/59). *Gleichzeitig hält er an einer positiven Funktion der Obrigkeit fest. Sie hat die Aufgabe, die beiden anderen Mandate zu schützen, um deren ungestörte Entfaltung zu gewährleisten. Die ihr für diese Aufgabe zur Verfügung stehenden Mittel sind eine unparteiische Rechtsprechung und das Gewaltmonopol* (47/58f.).

Auch das Mandat der Obrigkeit wird von Bonhoeffer christologisch begründet: „Durch Rechtsetzung und Schwertgewalt bewahrt die Obrigkeit die Welt für die Wirklichkeit Jesu Christi" (47/59). *Der Nationalsozialismus hatte die Gleichschaltung aller Lebensbereiche zum Ziel. Am Ende stand der totale Staat. Bonhoeffer will in seiner Mandatenlehre den Staat dagegen „entgöttlichen" und auf seine christusgemäßen Aufgaben beschränken. Seine Lehre von der Obrigkeit bedeutet den Bruch mit einer weit vor dem Nationalsozialismus beginnenden, älteren und ehrwürdigen preußisch-deutschen Tradition, die den Staat als göttlich verstand. Deren prominentester Vertreter war der idealistische Philosoph Friedrich Hegel in Berlin während der ersten Hälfte des 19. Jahrhunderts. Bonhoeffer denkt weniger idealistisch. Er steht der Staatsauffassung der westlichen Demokratien näher, die er von den USA und von England her aus eigener Anschauung kannte. Allerdings scheint er darüber hinaus typisch deutsche staatsrechtliche Überlegungen aufzugreifen, wenn er davon spricht, dass die großen Bereiche der Arbeit zwar nicht von der Obrigkeit selbst gepflegt werden sollen, aber doch ihrer Aufsicht unterstehen und „in gewissen – erst später darzulegenden Grenzen ihrer Lenkung [unterstehen]"* (47/59). *Gern wüsste man, welche Lenkungsmechanismen Bonhoeffer konkret vor Augen standen. Parallele Überlegungen finden sich im gleichzeitigen Kreisauer Kreis, vor allem aber nach dem Krieg im sog. Ahlener Programm der CDU. Die heutige bundesrepublikanische soziale Marktwirtschaft zeichnet sich durch solche Steuerungsmechanismen gegenüber der Wirtschaft aus und darf aus diesem Grund nicht einfach mit dem amerikanischen Kapitalismus gleichgesetzt werden.*

Es ist eine Zumutung sondergleichen, die an jeden, der das Problem einer christlichen Ethik auch nur zu Gesicht bekommen will, gestellt werden muss, die Zumutung nämlich, die beiden Fragen, welche ihn überhaupt zur Beschäftigung mit dem ethischen Problem führen: „wie werde ich gut?" und „wie tue ich etwas Gutes", von vornherein als der Sache unangemessen aufzugeben, und stattdessen die ganz andere, von jenen beiden unendlich verschiedene Frage nach dem Willen Gottes zu stellen. Diese Zumutung ist darum so einschneidend, weil sie eine Entscheidung über die letzte Wirklichkeit und damit eine Glaubensentscheidung voraussetzt. Wo sich das ethische Problem wesentlich in dem Fragen nach dem eigenen Gutsein und nach dem Tun des Guten darstellt, dort ist bereits die Entscheidung für das Ich und die Welt als die letzten Wirklichkeiten gefallen. Alle ethische Besinnung hat dann das Ziel, dass ich gut bin und dass die Welt (– durch mein Tun –) gut wird. Zeigt es sich aber, dass diese Wirklichkeiten des Ich und der Welt selbst noch eingebettet liegen in eine ganz andere letzte Wirklichkeit, nämlich die Wirklichkeit Gottes, des Schöpfers, Versöhners und Erlösers, dann tritt das ethische Problem sofort unter einen völlig neuen Aspekt. Nicht, dass ich gut werde noch dass der Zustand der Welt durch mich gebessert werde ist dann von letzter Wichtigkeit, sondern dass die Wirklichkeit Gottes sich überall als die letzte Wirklichkeit erweise. Dass also Gott sich als das Gute erweist, auf die Gefahr hin, dass dabei ich und die Welt als nicht gut, sondern als durch und durch böse zu stehen kommen, wird mir dort zum Ursprung des ethischen Bemühens, wo Gott als letzte Wirklichkeit geglaubt wird. Alle Dinge erscheinen ja im Zerrbild, wo sie nicht in Gott gesehen und erkannt werden. Alle sogenannten Gegebenheiten, alle Gesetze und Normen sind Abstraktionen, solange nicht Gott als die letzte Wirklichkeit geglaubt wird. Dass aber Gott selbst die letzte Wirklichkeit ist, ist wiederum nicht eine Idee, durch die die gegebene Welt sublimiert werden soll, ist also nicht die religiöse Abrundung eines profanen Weltbildes, sondern es ist das gläubige Ja zu dem Selbstzeugnis Gottes, zu seiner Offenbarung. Handelte es sich bei Gott nur um eine religiöse Idee, so wäre nicht einzusehen, warum nicht hinter dieser angeblichen „letzten" Wirklichkeit auch noch eine allerletzte Wirklichkeit der Götterdämmerung, des Göttertodes bestehen sollte. Nur sofern die letzte Wirklichkeit Offenbarung, das heißt Selbstzeugnis des lebendigen Gottes ist, ist ihr Anspruch erfüllt. Dann aber fällt an dem Verhältnis zu ihr die Entscheidung über das Lebensganze. Ihre Erkenntnis ist nicht nur ein stufenweises Fortschreiten zur Entdeckung innerer tieferer Wirklichkeiten, sondern diese Erkenntnis ist der Wende- und Angelpunkt aller Wirklichkeitserkenntnis überhaupt. Die letzte Wirklichkeit erweist sich hier zugleich als die erste Wirklichkeit, Gott als der Erste und der Letzte, als das A und das O. Alles Sehen und Erkennen der Dinge und Gesetze ohne Ihn wird zur Abstraktion, zur Loslösung vom Ursprung und vom Ziel. Alles Fragen nach dem eigenen Gutsein beziehungsweise dem Gutsein der Welt wird unmöglich, ohne vorher die Frage nach dem Gutsein Gottes gestellt zu haben, denn was sollte ein Gutsein des Menschen und der Welt ohne Gott für eine Bedeutung haben? Da aber Gott als letzte Wirklichkeit kein anderer ist als der, der sich selbst bekundet, bezeugt, offenbart, also als Gott in Jesus Christus, so kann die Frage nach dem Guten nur in Christus ihre Antwort finden.

Der Ursprung der christlichen Ethik ist nicht die Wirklichkeit des eigenen Ich, nicht die Wirklichkeit der Welt, aber auch nicht die Wirklichkeit der Normen und Werte, sondern die Wirklichkeit Gottes in seiner Offenbarung in Jesus Christus. Das ist die Zumutung, die redlicherweise vor allem anderen an jeden gestellt werden muss, der sich das Problem einer christlichen Ethik angelegen sein lassen will. Sie stellt vor die letzte Entscheidungsfrage, nämlich mit welcher Wirklichkeit wir in unserem Leben rechnen wollen, mit der Wirklichkeit des Offenbarungswortes Gottes oder mit den sogenannten Realitäten des Lebens, mit der göttlichen Gnade oder mit den irdischen Unvollkommenheiten, mit der Auferstehung oder mit dem Tod. Diese Frage selbst, die kein Mensch von sich aus, aus eigener Wahl entscheiden kann, ohne sie falsch zu entscheiden, setzt schon die gegebene Antwort voraus, dass nämlich Gott, wie auch immer wir uns entscheiden, schon sein Offenbarungswort geredet hat und dass wir auch in der falschen Wirklichkeit gar nicht anders leben können als von der wahren Wirklichkeit des Wortes Gottes. Die Frage nach der letzten Wirklichkeit versetzt uns also bereits in eine solche Umklammerung durch ihre Antwort, dass wir uns gar nicht mehr entwinden können. Sie trägt uns selbst mitten hinein in die Wirklichkeit der Offenbarung Gottes in Jesus Christus, aus der sie herkommt.

Das *Problem der christlichen Ethik ist das Wirklichwerden der Offenbarungswirklichkeit Gottes in Christus unter seinen Geschöpfen,* wie das Problem der Dogmatik die Wahrheit der

Offenbarungswirklichkeit Gottes in Christus ist. An die Stelle, die in aller anderen Ethik durch den Gegensatz von Sollen und Sein, von Idee und Realisierung, von Motiv und Werk bezeichnet ist, tritt in der christlichen Ethik die Beziehung von Wirklichkeit und Wirklichwerden, von Vergangenheit und Gegenwart, von Geschichte und Ereignis (Glaube) oder um anstelle des vieldeutigen Begriffes den eindeutigen Namen der Sache selbst auszusprechen: von Jesus Christus und Heiligem Geist. Die Frage nach dem Guten wird zur Frage nach dem Teilhaben an der in Christus offenbarten Gotteswirklichkeit. Das Gute ist nun nicht mehr eine Bewertung des Seienden, also etwa meines Wesens, meiner Gesinnung, meiner Handlungen oder auch eines Zustandes in der Welt, es ist nicht mehr ein Prädikat, das einem an sich Bestehenden, Seienden zugesprochen wird, sondern das Gute ist das Wirkliche selbst, das heißt nicht jenes abstrakte, von der Wirklichkeit Gottes gelöste Wirkliche, sondern das Wirkliche so, wie es in Gott allein Wirklichkeit hat. Das Gute ist nicht ohne dieses Wirkliche, ist also keine allgemeine Formel, und dieses Wirkliche ist nicht ohne das Gute. Gutseinwollen gibt es nur als Verlangen nach dem in Gott Wirklichen. Ein Gutseinwollen an sich, gewissermaßen als Selbstzweck, als Lebensberuf, verfällt der Ironie der Unwirklichkeit, aus dem echten Streben nach dem Guten wird hier die Streberei des Tugendboldes. Das Gute an sich ist kein selbständiges Lebensthema, es wäre als solches die tollste Don Quijoterie. Nur an der Wirklichkeit teilnehmend haben wir teil am Guten.

Der alte Streit, ob allein der Wille beziehungsweise der geistige Akt beziehungsweise die Person gut sein könne oder ob auch die Leistung, das Werk, der Erfolg, der Zustand gut genannt werden dürfe, welches von beiden dem anderen vorangehe, welchem die größere Wichtigkeit zukomme, dieser Streit, der auch in die Theologie eingedrungen ist und hier wie anderswo schwere Verirrungen hervorgerufen hat, geht von einer gründlich verkehrten Fragestellung aus. Er zerreißt, was ursprünglich und wesentlich eins ist, nämlich das Gute und das Wirkliche, den Menschen und sein Werk. Der Einwand, auch Jesus habe in seinem Wort über den guten Baum, der gute Früchte bringe, diese Unterscheidung von Person und Werk im Auge gehabt, entstellt den Sinn dieses Wortes Jesu in sein genaues Gegenteil. Nicht, dass erst die Person und dann das Werk gut sei, sondern dass *nur beide zusammen* gut oder schlecht, also beide zusammen nur als Einheit zu verstehen sind, ist hier gemeint. Dasselbe gilt von der Unterscheidung, die der amerikanische Religionsphilosoph Reinhold Niebuhr mit den beiden Begriffen moral man und immoral society bezeichnet hat. Die hier gemeinte Scheidung von Individuum und Gesellschaft ist ebenso abstrakt, wie die zwischen Person und Werk. Hier wird Untrennbares auseinandergerissen und jedes Teil, das als solches tot ist, für sich betrachtet. Die Folge ist jene vollendete ethische Aporie, die heute unter dem Namen der „Sozialethik" figuriert. Wo freilich das Gute in der Konformität eines Seienden mit einem Gesollten gesehen wird, dort muss der massivere Widerstand, den die Gesellschaft dem Gesollten entgegensetzt, eine ethische Bevorzugung des Individuums vor der Gesellschaft mit sich führen. (Umgekehrt legt gerade dieses Ergebnis es nahe, in diesem Begriff des Ethischen seine soziologische Herkunft aus dem Zeitalter des Individualismus zu wittern.) Die Frage nach dem Guten darf nicht verengt werden zu der Untersuchung von Handlungen auf ihre Motive beziehungsweise auf ihre Erfolge durch Anlegen eines bereits fertigen ethischen Maßstabes. Eine Gesinnungsethik bleibt ebenso an der Oberfläche wie eine Erfolgsethik. Denn welches Recht hätten wir, bei der Gesinnung als letztem ethischen Phänomen stehen zu bleiben und uns der Erkenntnis zu entziehen, dass eine „gute" Gesinnung auf sehr dunklen Hintergründen des menschlichen Bewusstseins und Unterbewusstseins erwachsen kann und dass oft aus „guter Gesinnung“ das Schlimmste geschieht? Und wie die Frage nach dem Motiv des Handelns sich zuletzt im unentwirrbaren Vergangenen verliert, so entschwindet auch die Frage nach dem Erfolg schließlich immer im Nebel der Zukunft. Nach beiden Seiten hin gibt es keine feste Grenze und nichts berechtigt uns, an irgendeinem von uns selbst willkürlich gesetzten Punkt haltzumachen, um zu einem definitiven Urteil zu kommen. Es wird eine Bedürfnisfrage sein, die von den Zeitläufen abhängig ist, wenn man praktisch immer wieder zu solchen willkürlichen Festsetzungen kommt und ob diese dann auf der Linie der Motivethik oder der Erfolgsethik liegen. Grundsätzlich hat die eine vor der anderen nichts voraus, weil in beiden die Frage nach dem Guten abstrakt gestellt und von der Wirklichkeit gelöst wird. Das Gute ist nicht die Übereinstimmung zwischen einem uns – durch Natur oder Gnade – zur Verfügung gestellten Maßstab und dem von mir als Wirklichkeit bezeichneten Seienden, sondern das Gute ist die Wirklichkeit und zwar die in Gott gesehene, erkannte Wirklichkeit selbst. Der Mensch mitsamt seinen Motiven und Werken, mitsamt seinen Mitmenschen, mitsamt der ihn umgebenden Kreatur, das heißt die Wirklichkeit als Ganze, in Gott gehaltene, ist mit der Frage nach dem Guten umfasst. Das göttliche „siehe, es war sehr gut“ meinte das Ganze der Schöpfung. Das Gute verlangt nach dem Ganzen, nicht nur nach der ganzen Gesinnung, sondern auch nach dem ganzen Werk, nach dem ganzen Menschen mitsamt den ihm gegebenen Mitmenschen. Was sollte es auch bedeuten, dass nur ein Teil gut genannt wird, also etwa das Motiv, während das Werk schlecht ist oder umgekehrt? *Der Mensch ist ein unteilbares Ganzes – nicht nur als Einzelner in seiner Person und seinem Werk,* sondern *auch als Glied der Gemeinschaft* der *Menschen und der Kreaturen,* in der er steht. Dieses unteilbare Ganze, das heißt diese in Gott gegründete und erkannte Wirklichkeit, hat die Frage nach dem Guten im Auge. „Schöpfung“ heißt dieses unteilbare Ganze seinem Ursprung nach, seinem Ziel nach heißt es Reich Gottes. Beides ist uns gleich entfernt und gleich nah, denn die Schöpfung Gottes und das Reich Gottes sind uns allein gegenwärtig in Gottes Selbstoffenbarung in Jesus Christus.

Teilbekommen an dem unteilbar Ganzen der Gotteswirklichkeit ist der Sinn der christlichen Frage nach dem Guten. An dieser Stelle bedarf es um der Vermeidung eines Missverständnisses willen der weiteren Klärung dessen, was hier unter Wirklichkeit verstanden ist.

Es gibt eine Begründung der Ethik auf dem Wirklichkeitsbegriff, die von der christlichen völlig verschieden ist, nämlich die positivistisch-empiristische. Sie versucht den Normbegriff gänzlich aus der Ethik auszuschalten, weil sie in ihm nur die Idealisierung tatsächlicher und für das Leben zweckmäßiger Verhaltungsweisen sieht: Das Gute ist im Grunde nichts als das Zweckmäßige, Nützliche, der Wirklichkeit Dienliche. Es gibt infolgedessen kein allgemeingültiges, sondern nur ein unendlich mannigfaltiges jeweils von der „Wirklichkeit“ her bestimmtes Gutes. Der Vorzug dieser Auffassung vor der idealistischen besteht in ihrer unzweifelhaft größeren „Wirklichkeitsnähe“. Das Gute besteht hier nicht in einer unmöglichen „Verwirklichung“ von Unwirklichem, in der Realisierung ethischer Ideen, sondern die Wirklichkeit selbst lehrt, was gut ist. Die Frage ist nur, ob die hier gemeinte Wirklichkeit dazu imstande ist, diese Forderung zu erfüllen. Dabei zeigt es sich, dass der der positivistischen Ethik zugrunde liegende Wirklichkeitsbegriff der vulgäre Begriff des empirisch Feststellbaren ist, der die Leugnung jeder Begründung dieser Wirklichkeit in der letzten Wirklichkeit, in Gott, einschließt. Diese vulgär verstandene Wirklichkeit ist aber darum ungeeignet zum Ursprung des Guten zu werden, weil sie nichts als den völligen

Verfall an das Jeweilige, Gegebene, Zufällige, augenblicklich Zweckmäßige verlangt, weil sie die letzte Wirklichkeit nicht erkennt und so die Einheit des Guten zerstört und preisgibt.

Anders spricht die christliche Ethik von der Wirklichkeit, die der Ursprung des Guten ist. Sie meint dabei die Wirklichkeit Gottes als letzte Wirklichkeit außer und in allem Bestehenden, sie meint damit auch die Wirklichkeit der bestehenden Welt, die allein durch die Wirklichkeit Gottes Wirklichkeit hat. Dass die Wirklichkeit Gottes nicht selbst wieder eine Idee ist, entnimmt der christliche Glaube aus der Tatsache, dass diese Wirklichkeit Gottes sich selbst bezeugt und offenbart hat mitten in der wirklichen Welt. *In Jesus Christus ist die Wirklichkeit Gottes in die Wirklichkeit dieser Welt eingegangen.* Der Ort, an dem die Frage nach der Wirklichkeit Gottes wie die nach der Wirklichkeit der Welt zugleich Beantwortung erfährt, ist allein bezeichnet durch den Namen Jesus Christus. In diesen Namen ist Gott und die Welt beschlossen. In ihm hat alles seinen Bestand (Kol 1,16). Von nun an kann weder von Gott noch von der Welt recht geredet werden ohne von Jesus Christus zu reden. Alle Wirklichkeitsbegriffe, die von ihm absehen, sind Abstraktionen. Alles Denken über das Gute, in dem das Gesollte gegen das Seiende oder das Seiende gegen das Gesollte ausgespielt wird, ist dort überwunden, wo das Gute Wirklichkeit geworden ist in Jesus Christus. Jesus Christus lässt sich weder mit einem Ideal, einer Norm, noch mit dem Seienden identifizieren. Die Feindschaft des Ideals gegen das Seiende, die fanatische Durchführung einer Idee gegen ein sich sträubendes Seiendes kann dem Guten ebenso fern sein wie die Preisgabe des Gesollten an das Zweckdienliche. Sowohl das Gesollte als das Zweckdienliche empfängt in Christus einen ganz neuen Sinn. Die Unversöhnlichkeit des Gesollten und des Seienden gegeneinander findet in Christus, das heißt in der letzten

Wirklichkeit, ihre Versöhnung. An dieser Wirklichkeit teilzunehmen ist der echte Sinn der Frage nach dem Guten.

In Christus begegnet uns das Angebot, an der Gotteswirklichkeit und an der Weltwirklichkeit zugleich teilzubekommen, eines nicht ohne das andere. Die Wirklichkeit Gottes erschließt sich nicht anders, als indem sie mich ganz in die Weltwirklichkeit hineinstellt, die Weltwirklichkeit aber finde ich immer schon getragen, angenommen, versöhnt in der Wirklichkeit Gottes vor. Das ist das Geheimnis der Offenbarung Gottes in dem Menschen Jesus Christus. Die christliche Ethik fragt nun nach dem Wirklichwerden dieser Gottes- und Weltwirklichkeit, die in Christus gegeben ist, in unserer Welt. Nicht als wäre „unsere Welt" irgendetwas außerhalb der Gottes- und Weltwirklichkeit, die in Christus ist, als gehörte sie nicht auch schon zu der in ihm getragenen, angenommenen, versöhnten Welt, nicht also als müsste nun doch irgendein „Prinzip" auf unsere Verhältnisse und unsere Zeit erst noch angewendet werden. Es wird vielmehr danach gefragt, wie die – auch uns und unsere Welt längst in sich beschlossen haltende – Wirklichkeit in Christus als jetzt gegenwärtige wirke beziehungsweise wie in ihr zu leben sei. Es geht also darum, *an der Wirklichkeit Gottes und der Welt in Jesus Christus heute teilzuhaben* und das so, dass ich die Wirklichkeit Gottes nie ohne die Wirklichkeit der Welt und die Wirklichkeit der Welt nie ohne die Wirklichkeit Gottes erfahre.

Indem wir auf diesem Wege weiterschreiten wollen, stellt sich uns wie ein Koloss ein Großteil des traditionellen christlich-ethischen Denkens hindernd entgegen. Seit den Anfängen christlicher Ethik nach der neutestamentlichen Zeit ist die vorherrschende, bewusst oder unbewusst alles bestimmende, Grundvorstellung des ethischen Denkens die des Aneinanderstoßens von zwei Räumen, von denen der eine göttlich, heilig, übernatürlich, christlich, der andere aber weltlich, profan, natürlich, unchristlich ist. Den ersten Gipfelpunkt erreicht diese Vorstellung im hohen Mittelalter, den zweiten in dem pseudo-reformatorischen Denken der Nachreformationszeit. Das Wirklichkeitsganze zerfällt in zwei Teile und das ethische Bemühen geht um die rechte Beziehung der beiden Teile zueinander. In der Hochscholastik wird das Reich des Natürlichen dem Reich der Gnade unterworfen, im Pseudoluthertum wird die Eigengesetzlichkeit der Ordnungen dieser Welt gegen das Gesetz Christi proklamiert, im Schwärmertum tritt die Gemeinde der Erwählten gegen die Feindschaft der Welt zum Kampf für die Errichtung des Reiches Gottes auf Erden an. Überall wird damit die Sache Christi zu einer partiellen, provinziellen Angelegenheit innerhalb des Wirklichkeitsganzen. Es wird mit Wirklichkeiten außer der Wirklichkeit in Christus gerechnet. Zu diesen Wirklichkeiten gibt es infolgedessen auch einen eigenen Zugang, neben Christus her. So wichtig man die Wirklichkeit in Christus auch nehmen mag, sie bleibt immer eine Teilwirklichkeit neben anderen Wirklichkeiten.

Durch diese Aufteilung des Wirklichkeitsganzen in einen sakralen und einen profanen, einen christlichen und einen weltlichen Bezirk wird nun die Möglichkeit der Existenz in nur einem dieser Bezirke geschaffen, einer geistlichen Existenz also, die nicht an der weltlichen Existenz teilhat, und einer weltlichen Existenz, die für sich eine Eigengesetzlichkeit in Anspruch nehmen kann und diese gegen den sakralen Bezirk zur Geltung bringt. Der Mönch und der Kulturprotestant des 19. Jahrhunderts repräsentieren diese beiden Möglichkeiten. Die gesamte mittelalterliche Geschichte kreist um das Thema der Herrschaft des geistlichen Raumes über den weltlichen, des regnum gratiae über das regnum naturae, wie die Neuzeit durch eine immer fortschreitende Verselbständigung des Weltlichen gegenüber dem Geistlichen charakterisiert ist. Solange Christus und die Welt als zwei aneinanderstoßende und einander abstoßende Räume gedacht werden, bleiben dem Menschen nur folgende Möglichkeiten: Unter dem Verzicht auf das Wirklichkeitsganze stellt er sich in einen der beiden Räume, er will Christus ohne die Welt oder die Welt ohne Christus. In beiden Fällen betrügt er sich selbst. Oder aber der Mensch will in beiden Räumen zugleich stehen und wird damit der Mensch des ewigen Konflikts, wie ihn die nachreformatorische Zeit hervorgebracht hat und wie er sich selbst immer wieder als die *einzige* der Wirklichkeit gemäße Gestalt christlicher Existenz ausgegeben hat.

So schwierig es nun sein mag, sich dem Bann dieses Raumdenkens zu entziehen, so gewiss ist es doch, dass es sowohl dem biblischen wie dem reformatorischen Denken zutiefst widerspricht, und dass es daher an der Wirklichkeit vorbeigeht. Es gibt nicht zwei Wirklichkeiten, sondern *nur eine Wirklichkeit,* und das ist die in Christus offenbar gewordene Gotteswirklichkeit in der Weltwirklichkeit. An Christus teilhabend stehen wir zugleich in der Gotteswirklichkeit und in der Weltwirklichkeit. Die Wirklichkeit Christi fasst die Wirklichkeit der Welt in sich. Die Welt hat keine eigene von der Offenbarung Gottes in Christus unabhängige Wirklichkeit. Es ist eine Verleugnung der Offenbarung Gottes in Jesus Christus, „christlich" sein zu wollen, ohne „weltlich" zu sein, oder weltlich sein [zu] wollen, ohne die Welt in Christus zu sehen und zu erkennen. Es gibt daher nicht zwei Räume, sondern nur *den einen Raum der Christuswirklichkeit,* in dem Gottes- und Weltwirklichkeit miteinander vereinigt sind. So ist das Thema der zwei Räume, das die Geschichte der Kirche immer wieder beherrscht hat, dem Neuen Testament fremd. Hier geht es allein um das Wirklichwerden der Christuswirklichkeit in der von ihr schon umschlossenen, besessenen, innegehabten, gegenwärtigen Welt. Nicht zwei miteinander konkurrierende Räume stehen nebeneinander und machen sich gegenseitig die Grenzen streitig, sodass die Grenzfragen immer wieder die entscheidenden der Geschichte wären, sondern die ganze Weltwirklichkeit ist bereits in Christus hineingezogen, in ihm zusammengefasst und nur von dieser Mitte her und auf diese Mitte hin geht die Bewegung der Geschichte.

Das Raumdenken versteht die Begriffspaare weltlich – christlich, natürlich – übernatürlich, profan – sakral, vernünftig – offenbarungsgemäß als letzte statische Gegensätze, mit denen bestimmte einander ausschließende Gegebenheiten bezeichnet sind. Es verkennt die ursprüngliche Einheit dieser Gegensätze in der Christuswirklichkeit und setzt an ihre Stelle die nachträglich erzwungene Einheit eines die Gegensätze umspannenden sakralen oder profanen Systems. Dabei bleibt die statische Gegensätzlichkeit erhalten. Ganz anders kommen diese Dinge von der erkannten Gottes- und Weltwirklichkeit in Christus her zu stehen. Die Welt, das Natürliche, das Profane, die Vernunft ist hier von vornherein in Gott hineingenommen, all dies existiert nicht „an und für sich", sondern es hat seine Wirklichkeit nirgends als in der Gotteswirklichkeit in Christus. Es gehört nun zum wirklichen Begriff des Weltlichen, dass es immer schon in der Bewegung des Angenommenseins und Angenommenwerdens von Gott in Christus gesehen wird. Wie in Christus die Gotteswirklichkeit in die Weltwirklichkeit einging, so gibt es das Christliche nicht anders als im Weltlichen, das „Übernatürliche" nur im Natürlichen, das Heilige nur im Profanen, das Offenbarungsmäßige nur im Vernünftigen. Die in Christus gesetzte Einheit von Gottes- und Weltwirklichkeit (wiederholt sich oder genauer) verwirklicht sich immer wieder an den Menschen. Dennoch ist das Christliche nicht identisch mit dem Weltlichen, das Natürliche mit dem Übernatürlichen, das Offenbarungsgemäße mit dem Vernünftigen, sondern besteht vielmehr zwischen beidem eine allein in der Christuswirklichkeit und das heißt im Glauben an diese letzte Wirklichkeit gegebene Einheit. Diese Einheit wird dadurch gewahrt, dass das Weltliche und das Christliche etc. sich gegenseitig jede statische Verselbständigung des einen gegen das andere verbieten, dass sie sich also polemisch zueinander verhalten und gerade darin ihre gemeinsame Wirklichkeit, ihre Einheit in der Christuswirklichkeit, bezeugen. Wie Luther das Weltliche polemisch gegen die Sakralisierung der römischen Kirche ins Feld führte, so muss diesem Weltlichen in dem selben Augenblick, in dem es in Gefahr steht, sich zu verselbständigen, wie es bald nach der Reformation geschah und im Kulturprotestantismus seinen Höhepunkt erreichte, vom Christlichen, vom „Sakralen", her polemisch widersprochen werden. Es handelt sich dann in beiden Fällen um genau denselben Vorgang, nämlich um den Hinweis auf die Gottes- und Weltwirklichkeit in Jesus Christus. Wie aber Luther gegen das sich verselbständigende, sich von der Wirklichkeit in Christus lösende Christliche mithilfe des Weltlichen im Namen einer besseren Christlichkeit protestierte, so muss auch der heutige polemische Gebrauch des Christlichen gegen das Weltliche im Namen einer besseren Weltlichkeit geschehen und darf gerade nicht wieder in eine selbstzweckliche statische Sakralität führen. Allein in diesem Sinn einer polemischen Einheit darf Luthers Lehre von den Zwei Reichen aufgenommen werden und ist sie wohl auch ursprünglich gemeint.

Das Raumdenken als statisches Denken ist – theologisch gesprochen – gesetzliches Denken. Das ist leicht zu zeigen. Wo das Weltliche als selbständiger Bezirk für sich zu stehen kommt, dort ist die Tatsache des *Angenommenseins* der Welt in Christus und also die Begründung der Weltwirklichkeit in der Offenbarungswirklichkeit und damit das aller Welt geltende Evangelium geleugnet. Die Welt wird nicht als in Christus von Gott versöhnte erkannt, sondern sie ist ein

Bereich, der noch ganz unter der Forderung des Christlichen steht beziehungsweise der mit einem eigenen Gesetz dem Gesetz Christi entgegentritt. Wo andererseits das Christliche als selbständiger Bezirk auftritt, dort verweigert man der Welt die Gemeinschaft, die Gott in Jesus Christus mit ihr eingegangen ist. Ein christliches Gesetz, das das Gesetz der Welt verurteilt, wird hier aufgerichtet und gegen die Welt, die Gott mit sich versöhnt hat, unversöhnlich zu Felde geführt. Wie aber jede Gesetzlichkeit in Gesetzlosigkeit, Nomismus in Antinomismus, Perfektionismus in Libertinismus mündet, so auch hier. Eine Welt, die für sich bestehend dem Gesetz Christi entnommen ist, verfällt der Bindungslosigkeit und Willkür. Eine Christlichkeit, die sich der Welt entzieht, verfällt der Unnatur, der Unvernunft, dem Übermut und der Willkür.

Wird somit von dem Glauben an die Offenbarung der letzten Wirklichkeit in Jesus Christus her das ethische Raumdenken überwunden, so bedeutet das, dass es kein wirkliches Christsein außerhalb der Wirklichkeit der Welt und keine wirkliche Weltlichkeit außerhalb der Wirklichkeit Jesu Christi gibt. Es gibt keinen Rückzugsort des Christen von der Welt, weder äußerlich noch in der Sphäre der Innerlichkeit. Jeder Versuch, der Welt auszuweichen, muss früher oder später mit einem sündigen Verfall an die Welt bezahlt werden. (Es ist dabei eine Erfahrungstatsache, dass dort, wo die groben Sünden der Sexualität überwunden sind, die ebenso grobe, aber von der Welt weniger verpönte Sünde der Habsucht, der Geldgier in Blüte steht.) Die Pflege einer von der Welt unberührten christlichen Innerlichkeit wird für die Augen des weltlichen Beobachters meist etwas Tragikomisches haben; denn die scharfsichtige Welt erkennt sich dort selber am deutlichsten wieder, wo die christliche Innerlichkeit sie im Selbstbetrug am fernsten wähnt. Wer sich zu der Wirklichkeit Jesu Christi als der Offenbarung Gottes bekennt, der bekennt sich im selben Atemzug zu der Wirklichkeit Gottes und zu der Wirklichkeit der Welt; denn er findet in Christus Gott und die Welt versöhnt. Eben darum aber ist der Christ auch nicht mehr der Mensch des ewigen Konflikts, sondern wie die Wirklichkeit in Christus *eine* ist, so ist er, der zu dieser Christuswirklichkeit gehört, auch selbst ein Ganzer. Seine Weltlichkeit trennt ihn nicht von Christus, und seine Christlichkeit trennt ihn nicht von der Welt. Ganz Christus angehörend, steht er zugleich ganz in der Welt.

Indem wir so das Raumdenken von der Christuswirklichkeit herkommend hinter uns lassen wollen, stellt sich uns doch noch eine wichtige Frage: Gibt es wirklich keine letzten statischen Gegensätze und also Räume, die definitiv voneinander getrennt sind? Ist nicht die Kirche Jesu Christi ein solcher Raum, der von dem Raum der Welt geschieden ist? Und schließlich, ist nicht das Reich des Teufels ein solcher Raum, der in das Reich Christi niemals eingeht?

Ohne Zweifel liegen im Neuen Testament Aussagen über die Kirche vor, die der Vorstellung eines Raumes entsprechen. Man denke an die Darstellung der Kirche als Tempel, als Bau, als Haus, auch als Leib. Es geht daraus hervor, dass dort, wo die Kirche als sichtbare Gemeinde Gottes auf Erden beschrieben werden soll, die Raumvorstellung nicht vermieden werden kann. In der Tat nimmt die Kirche in der Welt einen bestimmten Raum ein, der durch ihre Gottesdienste, durch ihre Ordnungen, durch ihr gemeindliches Leben bestimmt ist, und diese Tatsache ist es ja, von der das Raumdenken überhaupt seinen Ausgang nimmt. Es wäre sehr gefährlich, dies zu übersehen und so die Sichtbarkeit der Kirche abzuleugnen und sie zu einer rein spirituellen Größe herabzuwürdigen. Damit wäre die Tatsache der Offenbarung Gottes in der Welt außer Kraft gesetzt und Christus selbst würde spiritualisiert. Es gehört zur Offenbarung Gottes in Jesus Christus, dass sie Raum in der Welt einnimmt. Aber es wäre allerdings grundverkehrt, diesen Raum nun einfach empirisch zu deuten. Wenn Gott in Jesus Christus Raum in der Welt beansprucht – und sei es nur in einem Stall, weil „sonst kein Raum in der Herberge" war –, so fasst er in diesem engen Raum zugleich die ganze Wirklichkeit der Welt zusammen und offenbart ihren letzten Grund. So ist auch die Kirche Jesu Christi der Ort – das heißt der Raum – in der Welt, an dem die Herrschaft Jesu Christi über die ganze Welt bezeugt und verkündigt wird. Dieser Raum der Kirche ist also nichts für sich selbst Bestehendes, sondern etwas immer schon weit über sich Hinausgreifendes, eben weil es nicht der Raum eines Kultvereins ist, der um seinen eigenen Bestand in der Welt zu kämpfen hätte, sondern weil es der Ort ist, an dem von Begründung aller Wirklichkeit in Jesus Christus Zeugnis gegeben wird. Die Kirche ist der Ort, wo bezeugt und ernst genommen wird, dass Gott die Welt in Christus mit sich selbst versöhnt hat, dass Gott die Welt so geliebt hat, dass er seinen Sohn für sie hingab. Der Raum der Kirche ist nicht dazu da, um der Welt ein Stück ihres Bereiches streitig zu machen, sondern gerade um der Welt zu bezeugen, dass sie Welt bleibe, nämlich die von Gott geliebte und versöhnte Welt. Es ist also nicht so, dass die Kirche ihren Raum über den Raum der Welt ausdehnen wollte oder müsste, sie begehrt nicht mehr Raum, als sie braucht, um der Welt mit dem Zeugnis von Jesus Christus und von ihrer Versöhnung mit Gott durch ihn zu dienen. Die Kirche kann ihren eigenen Raum auch nur dadurch verteidigen, dass sie nicht um ihn, sondern um das Heil der Welt kämpft. Andernfalls wird die Kirche zur „Religionsgesellschaft", die in eigener Sache kämpft, und damit aufgehört hat, Kirche Gottes in der Welt zu sein. So ist der erste Auftrag an die, die zur Kirche Gottes gehören, nicht etwas für sich selbst zu sein, also etwa eine religiöse Organisation zu schaffen oder ein frommes Leben zu führen, sondern Zeugen Jesu Christi an die Welt zu sein.

Dazu rüstet der Heilige Geist diejenigen aus, denen er sich gibt. Dass ein solches Zeugnis an die Welt nur in rechter Weise geschehen kann, wenn es aus einem geheiligten Leben in der Gemeinde Gottes her kommt, ist dabei die selbstverständliche Voraussetzung. Dennoch [unter]scheidet sich ein rechtes geheiligtes Leben in der Gemeinde Gottes von jeder frommen Nachäffung dadurch, dass es den Menschen zugleich zum Zeugnis an die Welt führt. Wo dieses verstummt, dort ist das ein Zeichen der inneren Fäulnis der Gemeinde, wie das Ausbleiben der Frucht das Zeichen des Absterbens des Baumes ist.

Will man also vom Raum der Kirche sprechen, so muss man sich dessen bewusst bleiben, dass dieser Raum in jedem Augenblick schon durchbrochen, aufgehoben, überwunden ist durch das Zeugnis der Kirche von Jesus Christus. Damit aber bleibt alles falsche Raumdenken als für das Verständnis der Kirche verderblich ausgeschlossen.

Nun ist bisher von der Welt immer im Sinne der in Christus mit Gott versöhnten Welt die Rede gewesen, es ist von der Wirklichkeit immer als der von Gott angenommenen, in ihm bestehenden, versöhnten Wirklichkeit gesprochen worden, und in diesem Sinne musste das Raumdenken abgelehnt werden. Damit bleibt aber noch die Frage offen, ob nicht die „Welt", sofern hierunter die unter die Gewalt des Teufels geratene „arge" Welt verstanden wird, ob nicht die sündige Wirklichkeit als ein gegen die Kirche beziehungsweise gegen das Reich Christi aufgerichteter Raum aufgefasst werden muss. Ist also nicht der letzte statische Gegensatz, der das Raumdenken rechtfertigt, der Gegensatz von Christusreich und Teufelsreich? So sehr diese Frage im ersten Augenblick eine Bejahung zu fordern scheint, so ist sie doch bei näherem Zusehen in sich selbst nicht eindeutig. Christus und sein Widersacher, der Teufel, sind einander ausschließende Gegensätze, doch so, dass auch der Teufel wider Willen Christus dienen muss und als der das Böse Wollende immer wieder das Gute tun muss, sodass der Raum des Teufels immer nur unter den Füßen Jesu Christi ist. Soll nun aber unter dem Reich des Teufels jene Welt verstanden werden, die „im Argen liegt“, also die unter die Gewalt des Teufels geratene Welt, so hat gerade hier das Raumdenken wieder seine Grenze. Denn die „arge Welt“ ist es ja eben, die in Christus mit Gott versöhnt ist und die nun nicht im Teufel, sondern doch wieder in Christus ihre letzte und eigentliche Wirklichkeit hat. Die Welt ist nicht zwischen Christus und dem Teufel aufgeteilt, sondern sie ist ganz und gar die Welt Christi, ob sie es erkennt oder nicht. Auf diese ihre Wirklichkeit in Christus hin ist sie anzusprechen und ist so die falsche Wirklichkeit, die sie in sich selbst oder im Teufel zu haben meint, zu zerstören. Die böse, finstere Welt darf nicht dem Teufel preisgegeben werden, sondern muss gerade für den in Anspruch genommen werden, der sie sich durch sein Kommen ins Fleisch, durch sein Sterben und Auferstehen erworben hat. Christus gibt nichts von dem auf, was er erwarb, sondern er hält es fest in seinen Händen. Von Christus her verbietet sich damit die Aufteilung in eine verteufelte und eine christliche Welt. Jede statische Abgrenzung eines Bereiches, der dem Teufel, von einem Bereich, der Christus gehört, leugnet die Wirklichkeit, dass Gott die ganze Welt in Christus mit sich versöhnt hat.

Dass Gott die Welt in Christus geliebt und mit sich versöhnt hat, ist die zentrale Verkündigung des Neuen Testaments. In ihr ist vorausgesetzt, dass die Welt der Versöhnung mit Gott bedürftig, doch von sich aus nicht fähig ist. Die Annahme der Welt ist ein Wunder der göttlichen Barmherzigkeit. Darum ist das Verhältnis der Gemeinde zur Welt ganz und gar bestimmt durch das Verhältnis Gottes zur Welt. Es gibt eine Liebe zur Welt, die Feindschaft gegen Gott ist (Jak 4,4, 1Joh 2,15), weil sie am Wesen der Welt an sich und nicht aus der Liebe Gottes zur Welt entspringt. Die Welt „an sich", so wie sie sich selbst versteht und wie sie sich gegen die Wirklichkeit der ihr geltenden Liebe Gottes in Jesus Christus wehrt, ja diese verwirft, ist dem Gericht Gottes über alle Christusfeindschaft verfallen. Sie steht mit der Gemeinde im Kampf auf Leben und Tod. Dennoch ist es der Auftrag und das Wesen der Gemeinde, gerade dieser Welt ihre Versöhnung mit Gott zuzusprechen und ihr die Wirklichkeit der Liebe Gottes zu enthüllen, gegen die sie blind wütet. So wird auch und gerade die verlorene und gerichtete Welt unaufhörlich in das Christusgeschehen hineingezogen.

Es ist schwer, ein Bild preiszugeben, in das man Gedanken und Begriffe einzuordnen sich gewöhnt hat. Dennoch müssen wir über das Bild der beiden Räume hinauskommen, und es fragt sich nun, ob wir an seine Stelle ein ebenso einfaches und einleuchtendes Bild setzen können.

Vor allem werden wir unseren Blick auf das Bild des Leibes Jesu Christi selbst, des Menschgewordenen, Gekreuzigten und Auferstandenen, richten müssen. Im Leib Jesu Christi ist Gott mit der Menschheit vereint, ist die ganze Menschheit von Gott angenommen, ist die Welt versöhnt mit Gott. Im Leib Jesu Christi nahm Gott die Sünde aller Welt auf sich und trug sie. Es gibt kein Stück Welt und sei es noch so verloren, noch so gottlos, das nicht in Jesus Christus von Gott angenommen, mit Gott versöhnt wäre. Wer den Leib Jesu Christi im Glauben anschaut, der kann nicht mehr von der Welt reden, als sei sie verloren, als sei sie von Christus getrennt, der kann sich nicht mehr in klerikalem Hochmut von der Welt trennen. Die Welt gehört zu Christus und nur in Christus ist sie, was sie ist. Sie braucht darum nichts Geringeres als Christus selbst. Alles wäre verdorben, wollte man Christus für die Kirche aufbewahren, während man der Welt nur irgendein, vielleicht christliches, Gesetz gönnt. Christus ist für die Welt gestorben, und nur mitten in der Welt ist Christus Christus. Es ist nichts als Unglaube, der der Welt – gewiss aus gut gemeinten pädagogischen Gründen, die doch immer einen leichten Beigeschmack von Klerikalismus haben – weniger geben will als Christus. Hier wird mit der Fleischwerdung, mit dem Kreuzestod, mit der leiblichen Auferstehung nicht Ernst gemacht, der Leib Christi wird verleugnet.

Wird nun aber vom Neuen Testament der Begriff des Leibes Christi auf die Gemeinde übertragen, so ist auch damit keineswegs etwa in erster Linie die Absonderung der Gemeinde von der Welt zum Ausdruck gebracht, sondern es ist ganz im Zuge der neutestamentlichen Aussagen über die Fleischwerdung Gottes in Christus gerade dies bezeugt, dass im Leib Christi alle Menschen angenommen, beschlossen, getragen sind und dass die Gemeinde der Glaubenden eben dies der Welt durch Worte und Leben kundzutun hat. Nicht die Absonderung von der Welt, sondern das Hineinrufen der Welt in die Gemeinschaft dieses Leibes Christi, zu dem sie in Wahrheit schon gehört, ist hier gemeint. Dass dieses Zeugnis der Gemeinde der Welt fremd ist und dass die Gemeinde mit diesem Zeugnis sich selbst als der Welt fremd erfährt, ist erst eine immer wieder eintretende Folge der im Leibe Christi gegebenen Gemeinschaft mit der Welt. Abgesondert ist die Gemeinde von der Welt durch nichts anderes als dadurch, dass sie die Wirklichkeit des von Gott Angenommenseins, die aller Welt gehört, glaubend über sich gelten lässt und eben darin als aller Welt geltend bezeugt.

Der Leib Jesu Christi, wie er sich uns besonders am Kreuz darstellt, zeigt dem Glauben eben sowohl die Welt in ihrer Sünde und ihrem Geliebtsein von Gott wie die Gemeinde als die Schar derer, die ihre Sünde erkennen und sich Gottes Liebe gefallen lassen.

Diese in Christus begründete Zusammengehörigkeit von Gott und Welt, die eine statisch-räumliche Abgrenzung nicht zulässt, hebt nun doch die Unterschiedenheit von Gemeinde und Welt nicht auf. So stellt sich die Frage, wie diese

Unterschiedenheit zu denken sei, ohne in die räumlichen Vorstellungen zurückzufallen. Hier muss die Bibel selbst um Rat gefragt werden und sie hält ihre Antwort bereit.

Die Welt ist, wie alles Geschaffene, durch Christus und auf Christus hin geschaffen und hat ihren Bestand allein in Christus (Joh 1,10; Kol 1,16). Ohne Christus von der Welt zu sprechen, ist leere Abstraktion. Die Welt steht in Beziehung auf Christus, ob sie es weiß oder nicht. Diese Beziehung der Welt auf Christus wird konkret in bestimmten *Mandaten Gottes* in der Welt. Die Schrift nennt vier solche Mandate: *die Arbeit, die Ehe, die Obrigkeit, die Kirche*. Wir sprechen von göttlichen Mandaten statt von göttlichen Ordnungen, weil damit der Charakter des göttlichen Auftrages gegenüber dem einer Seinsbestimmung deutlicher heraustritt. Gott will in der Welt Arbeit, Ehe, Obrigkeit, Kirche, und er will dieses alles durch Christus, auf Christus hin und in Christus, jedes in seiner Weise. Gott hat die Menschen unter alle diese Mandate gestellt, nicht nur jeden Einzelnen unter je eines derselben, sondern alle Menschen unter alle vier. Es gibt also keinen Rückzug aus einem „weltlichen" in einen „geistlichen" „Raum", sondern es gibt nur ein Einüben des christlichen Lebens unter jenen 4 Mandaten Gottes. Es geht auch nicht an, die ersten drei Mandate als „weltlich" dem letzten Mandat gegenüber abzuwerten. Es handelt sich eben mitten in der Welt um *„göttliche"* Mandate, ob es sich um die Arbeit, die Ehe, die Obrigkeit oder die Kirche handelt. Göttlich sind diese Mandate allerdings allein um ihrer ursprünglichen und endlichen Beziehung auf Christus willen. Losgelöst von dieser Beziehung, „an sich", sind sie ebenso wenig göttlich wie die Welt „an sich" göttlich ist. Arbeit „an sich" ist nicht göttlich, aber Arbeit um Jesu Christi willen, um des göttlichen Auftrages und Zieles willen, ist göttlich. Allein weil Gott um Christi willen den Menschen die Arbeit befohlen und ihr eine Verheißung gegeben hat, ist die Arbeit göttlich.

Die Göttlichkeit der Arbeit lässt sich also nicht im Hinblick auf ihre allgemeine Nützlichkeit, ihren Wert, sondern allein im Hinblick auf den Ursprung, den Bestand und das Ziel der Arbeit in Jesus Christus begründen. Ebenso verhält es sich mit den anderen Mandaten. Nur als Mandate Gottes sind sie göttlich, nicht aber schon durch ihr faktisches Gegebensein in dieser oder jener konkreten Gestalt. Nicht weil Arbeit, Ehe, Obrigkeit, Kirche *ist,* ist sie göttlich *geboten,* sondern weil sie von Gott *geboten* ist, darum *ist* sie, und nur sofern ihr Sein – bewusst oder unbewusst – dem göttlichen Auftrag unterworfen ist, ist es göttliches Mandat. In der beharrlichen und willkürlichen Durchbrechung des Auftrages durch die konkrete Gestalt der Arbeit, der Ehe, der Obrigkeit, der Kirche erlischt das göttliche Mandat im konkreten Fall. Dennoch empfängt durch das göttliche Mandat auch das konkrete Seiende eine relative Rechtfertigung. Nicht jede Verfehlung gegen den göttlichen Auftrag entkleidet die konkrete Gestalt der Arbeit, der Ehe, der Obrigkeit, der Kirche schon grundsätzlich des göttlichen Mandates. Die bestehende Ehe, Obrigkeit etc. hat immer einen relativen Vorrang vor dem noch nicht Bestehenden. Einzelne Verfehlungen geben nicht das Recht, das Bestehende zu beseitigen, zu vernichten. Vielmehr kann es hier nur um die Rückkehr zu der echten Unterordnung unter das göttliche Mandat gehen, um die Wiederherstellung echter Verantwortung gegenüber dem göttlichen Auftrag. Diese echte Verantwortung besteht in der Ausrichtung der konkreten Gestalt der göttlichen Mandate auf ihren Ursprung, ihren Bestand und ihr Ziel in Jesus Christus.

Das Mandat der Arbeit begegnet uns nach der Schrift schon beim ersten Menschen. Adam soll den Garten Eden „bauen und bewahren“ (1Mose 2,15). Auch nach dem Sündenfall bleibt die Arbeit ein Mandat göttlicher Zucht und Gnade (1Mose 3,17-19). Im Schweiße des Angesichts ringt der Mensch dem Acker seine Nahrung ab und alsbald umfasst der Bereich der menschlichen Arbeit alles vom Acker[bau] über die Wirtschaft bis zur Wissenschaft und zur Kunst (1 Mose 4,17 ff.). Es geht bei der Arbeit, die im Paradies begründet ist, um ein mitschöpferisches Tun der Menschen. Es wird durch sie eine Welt der Dinge und Werte geschaffen, die zur Verherrlichung und zum Dienst Jesu Christi bestimmt ist. Es ist keine Schöpfung aus dem Nichts, wie die Schöpfung Gottes, aber es ist ein Schaffen von Neuem aufgrund der ersten Schöpfung Gottes. Kein Mensch kann sich diesem Mandat entziehen. Denn in dem, was der Mensch hier in göttlichem Auftrage arbeitet, entsteht jenes Abbild der himmlischen Welt, das den Menschen, der Jesus Christus erkennt, an jene Welt erinnert. Die erste Schöpfung Kains war die Stadt, das irdische Gegenbild der ewigen Stadt Gottes. Es folgt die Erfindung der Geigen und Flöten, die uns auf Erden den Vorgeschmack der himmlischen Musik gewähren. Es folgt die Förderung und Verarbeitung der metallenen Schätze aus den Gruben der Erde, teils zur Zierde des irdischen Hauses, wie auch die himmlische Stadt von Gold und Edelsteinen prangt, teils zur Herstellung des Schwertes der vergeltenden Gerechtigkeit. Durch das göttliche Mandat der Arbeit soll eine Welt entstehen, die – darum wissend oder nicht – auf Christus wartet, auf Christus ausgerichtet ist, für Christus offen ist, ihm dient und ihn verherrlicht. Dass es das Geschlecht Kains ist, das dieses Mandat erfüllen soll, wirft bereits den tiefsten Schatten auf alle menschliche Arbeit.

Ebenso wie die Arbeit begegnet uns das Mandat der Ehe nach der Schrift schon beim ersten Menschen. In der Ehe werden die Menschen eins vor Gott, wie Christus mit seiner Kirche eins wird. „Das Geheimnis ist groß“ (Eph 5,31 f.). Solchem Einswerden gibt Gott den Segen der Fruchtbarkeit, der Erzeugung neuen Lebens. Der Mensch tritt mitschaffend in den Willen des Schöpfers ein. Durch die Ehe werden

Menschen erzeugt zur Verherrlichung und zum Dienste Jesu Christi und zur Mehrung seines Reiches. Das bedeutet, dass die Ehe nicht nur die Stätte der Erzeugung, sondern auch der Erziehung der Kinder zum Gehorsam Jesu Christi ist. Die Eltern sind für das Kind Gottes Stellvertreter als seine Erzeuger und seine Erzieher im Auftrage Gottes. Wie in der Arbeit neue Werte, so werden in der Ehe neue Menschen geschaffen zum Dienst Jesu Christi. Weil aber der erste Sohn der ersten Menschen, Kain, fern vom Paradies geboren und zum Brudermörder wird, darum fällt auch hier schon ein dunkler Schatten auf Ehe und Familie in dieser unserer Welt.

Das göttliche Mandat der Obrigkeit setzt die göttlichen Mandate der Arbeit und der Ehe schon voraus. Sie findet in der Welt, die sie beherrscht, die zwei Mandate vor, durch die Gott der Schöpfer seine Schöpfermacht ausübt und auf [die] sie darum notwendig angewiesen ist. Die Obrigkeit kann nicht selbst Leben oder Werte erzeugen, sie ist nicht schöpferisch, sie hält das Geschaffene in seiner ihm durch Gottes Auftrag zuteilgewordenen Ordnung, sie schützt es, indem sie Recht setzt in Anerkennung der göttlichen Mandate und indem sie diesem Recht mit der Macht des Schwertes Geltung verschafft. So wird die Ehe zwar nicht durch die Obrigkeit, aber vor der Obrigkeit geschlossen. Die großen Bereiche der Arbeit werden nicht von der Obrigkeit selbst gepflegt, aber sie unterstehen ihrer Aufsicht und in gewissen – erst später darzulegenden – Grenzen ihrer Lenkung. Niemals darf die Obrigkeit selbst zum Subjekt dieser Arbeitsbereiche werden wollen, ohne das göttliche Mandat derselben wie auch ihr eigenes ernstlich zu gefährden. Durch Rechtsetzung und Schwertgewalt bewahrt die Obrigkeit die Welt für die Wirklichkeit Jesu Christi. Jedermann ist dieser Obrigkeit Gehorsam schuldig – um Christi willen.

Im Unterschied zu den drei genannten Mandaten geht es in dem göttlichen Mandat der Kirche um den Auftrag, die

Wirklichkeit Jesu Christi in Verkündigung, kirchlicher Ordnung und christlichem Leben wirklich werden zu lassen, es geht also um das ewige Heil der ganzen Welt. Das Mandat der Kirche erstreckt sich über alle Menschen, und zwar innerhalb aller anderen Mandate. Wie der Mensch zugleich Arbeiter, Ehegatte, Untertan ist, wie sich hier ein Mandat mit den anderen im Menschen überschneidet und wie es dabei um die gleichzeitige Erfüllung aller dieser Mandate geht, so greift auch das kirchliche Mandat in alle diese genannten Mandate hinein, wie umgekehrt der Christ zugleich Arbeiter, Ehegatte, Untertan ist. Jede Aufteilung in getrennte Räume verbietet sich hier. Der ganze Mensch steht vor der ganzen irdischen und ewigen Wirklichkeit, wie sie Gott in Jesus Christus für ihn bereitet hat. Nur in der vollen Erwiderung auf das Ganze des Angebotes und des Anspruches kann der Mensch dieser Wirklichkeit entsprechen. Eben dies, dass es sich in allen übrigen Mandaten nicht um Aufteilung und Zerreißung des Menschen, sondern um den ganzen Menschen vor Gott, dem Schöpfer, Versöhner und Erlöser handele, dass also die Wirklichkeit in aller Mannigfaltigkeit zuletzt doch eine ist, nämlich in dem menschgewordenen Gott Jesus Christus, eben dies hat die Kirche der Welt zu bezeugen. Die göttlichen Mandate in der Welt haben nicht den Sinn, den Menschen in endlosen Konflikten aufzureiben, sondern sie zielen gerade auf den ganzen Menschen, wie er in Wirklichkeit vor Gott steht. Der Mensch ist nicht der Ort, an dem die Unvereinbarkeit dieser göttlichen Mandate sich erweisen soll, sondern vielmehr wird erst und allein in ihm, und zwar in konkretem Leben und Handeln die Einheit des „an sich", das heißt theoretisch Unvereinbaren, geschaffen, das aber freilich nicht anders, als indem der Mensch sich durch Jesus Christus vor die vollzogene Wirklichkeit der Menschwerdung Gottes, der Versöhnung der Welt mit Gott in Krippe, Kreuz und Auferstehung Jesu Christi stellen lässt. So dient gerade die

Lehre von den göttlichen Mandaten – die in der Gestalt einer Lehre von den „Ständen" zu einer gefährlichen Zerreißung des Menschen und der Wirklichkeit zu führen droht – dazu, den Menschen vor die eine und ganze Wirklichkeit zu stellen, wie sie uns in Jesus Christus offenbar wird. So mündet auch hier wieder alles in die Wirklichkeit des Leibes Jesu Christi, in dem Gott und Mensch eins wurden.

Wir sprachen anfangs davon, dass an die Stelle der Frage nach dem eigenen Gutsein und dem Gutestun die Frage nach dem Willen Gottes treten müsse. Der Wille Gottes aber ist nichts anderes als das Wirklichwerden der Christuswirklichkeit bei uns und in unserer Welt. Der Wille Gottes ist also weder eine Idee, die erst nach Realisierung verlangte, er ist vielmehr selbst schon Wirklichkeit in der Selbstoffenbarung Gottes in Jesus Christus. Der Wille Gottes ist aber auch nicht einfach identisch mit dem Seienden, sodass Unterwerfung unter das Seiende seine Erfüllung wäre, er ist vielmehr eine Wirklichkeit, die im Seienden und gegen das Seiende immer neu wirklich werden will. Der Wille Gottes ist bereits von Gott selbst erfüllt, indem er die Welt mit sich versöhnte in Christus. Es wäre der gefährlichste Rückfall in ein abstraktes Denken, von der Wirklichkeit dieser Erfüllung absehen zu wollen und eine eigene Erfüllung an ihre Stelle zu setzen. Es kann nach der Erscheinung Christi in der Ethik nur noch um eines gehen, nämlich an der Wirklichkeit des erfüllten Willens Gottes teilzubekommen. Aber auch dieses Teilbekommen ist nur aufgrund der Tatsache möglich, dass in der Erfüllung des Willens Gottes in Christus bereits auch ich selbst mit eingeschlossen und das heißt mit Gott versöhnt bin. Die Frage nach dem Willen Gottes fragt nicht nach einem Verborgenen, Unerfüllten, sondern nach dem Offenbargewordenen, Erfüllten. Sie bleibt aber darin doch eine echte Frage, dass ich selbst und die Welt, die mich umgibt, durch die Offenbarung, durch die Erfüllung in diese Frage gestellt bin.

Der Wille Gottes, wie er in Jesus Christus offenbar und erfüllt wurde, umfasst das Ganze der Wirklichkeit. Zugang zu diesem Ganzen, ohne sich von dem Mannigfaltigen zerreißen zu lassen, gibt es allein im Glauben an Jesus Christus, „in dem die ganze Fülle der Gottheit leibhaftig wohnt“ (Kol 2,9; 1,19), „durch den alles versöhnt ist, es sei auf Erden oder im Himmel“ (Kol 1,20), dessen Leib, nämlich die Gemeinde, die Fülle dessen ist, der alles in allen erfüllt (Eph 1,23). Der Glaube an diesen Jesus Christus ist die alleinige Quelle alles Guten.

Das konkrete Gebot und die göttlichen Mandate. Das Gebot Gottes in der Kirche

Einführung

Wir sahen bereits, dass nach Bonhoeffers Ansicht jeder Mensch – egal, ob er es weiß oder nicht – von Gott die Aufgabe bekommen hat, sein Leben unter allen vier Mandaten zu führen. In ihrer Gesamtheit bilden sie so etwas wie Rahmenrichtlinien für ein gelingendes Leben. Wer sein Leben entsprechend der göttlichen Mandate gestaltet, lebt ein gottgefälliges, d. h. christusgemäßes, Leben. Charakteristisch für die vier Mandate ist ihr gleichzeitiges „Miteinander, Füreinander und Gegeneinander“ (59/397). *Ihr Miteinander wird daran deutlich, dass alle vier Mandate die Aufgabe haben, das Handeln des Menschen auf Jesus Christus hin auszurichten. Aus dem Miteinander folgt logischerweise ihr Füreinander. Dabei ist ein echtes Mit- und Füreinander nur möglich, wenn kein Mandat über dem anderen steht. Schließlich hat jedes Mandat seine eigene Aufgabe. Dadurch begrenzen sich die vier Mandate gegenseitig. Aus der gegenseitigen Begrenzung folgt sogar ein Gegeneinander: „Diese Begrenzung wird innerhalb des Füreinander notwendig als Gegeneinander erfahren. Wo dieses Gegeneinander nicht mehr da ist, dort ist nicht mehr Gottes Mandat“* (59/397).

Man spürt diesen Aussagen förmlich Bonhoeffers eigene Erfahrungen ab, die er in der Auseinandersetzung der Bekennenden Kirche und im Rahmen der Konspiration mit dem

Dritten Reich gemacht hat. Allein das Mit-, Für und Gegeneinander der Mandate bildet die Gewähr dafür, dass in einer Gesellschaft Freiheit und Gerechtigkeit herrschen. Im Gegensatz dazu versuchte das nationalsozialistische Regime, die anderen Mandate unter seine Gewalt zu bringen und gleichzuschalten. Obrigkeit, Ehe, Arbeit, Kirche – in allen Bereichen sollte allein der Wille des Führers zur Geltung kommen. Wohin diese Gleichschaltung Deutschland und die Welt führte, begannen viele Deutsche erst zu realisieren, als der Zweite Weltkrieg von Hitler vom Zaun gebrochen wurde.

Die Mandatenlehre hat nicht zuletzt das Ziel, die Mandate vor der gegenseitigen Vergewaltigung zu schützen. Kein Mandat darf das andere beherrschen. Das Gegeneinander der Mandate, ihre gegenseitige Begrenzung, dient ihrem Schutz (59/398). *Es geht Bonhoeffer nicht nur darum, dass das Mandat der Kirche vor der Vergewaltigung durch den Staat geschützt wird. Auch die Kirche hat umgekehrt kein Recht, in das Mandat des Staates einzugreifen. „Das Gebot Jesu [Christi] begründet keine Herrschaft der Kirche über die Obrigkeit oder der Obrigkeit über die Familie oder der Kultur über Obrigkeit und Kirche oder was immer hier an möglichen Herrschaftsverhältnissen gedacht werden mag“* (66/406).

Das Mandat der Kirche

Bonhoeffer geht davon aus, dass Gottes Gebot im Mandat der Kirche in doppelter Weise begegnet: in Gestalt der öffentlichen Verkündigung durch die Predigt und in Gestalt der verborgenen Verkündigung durch die Beichte. Dabei sind beide Gestalten „Verkündigung göttlicher Offenbarung“ (61/399). *Das inhaltliche Zentrum der Verkündigung stellt Jesus Christus dar, „gebunden an die Heilige Schrift“* (62/400). *Christus- und Bibelorientierung der Verkündigung gehören für Bonhoeffer untrennbar zusammen: „Aufgrund der Heiligen Schrift verkündigt das Predigtamt Jesus Christus als den Herrn und Erretter der Welt. Es gibt keine legitime kirchliche Verkündigung, die nicht Christusverkündigung wäre“* (62/402f.). *Das inhaltliche Zentrum der christlichen Verkündigung bestimmt Bonhoeffer soteriologisch: Es besteht in der Rettung des Menschen durch Gott. Weil dieses Zentrum in der Beichte durch den persönlichen Zuspruch der Vergebung praktisch erfahrbar wird, ist die Einzelbeichte für Bonhoeffer von herausragender Wichtigkeit. Angesichts der Propagierung des Übermenschen im Dritten Reich hatte diese Akzentsetzung der kirchlichen Verkündigung unmittelbar politische Bedeutung. Sie half, dass Menschen, die ein Ja zu ihrem Geschaffensein fanden, heilsam bei sich selber einkehren konnten: „Ohne oder gegen die Verkündigung des Kreuzes Christi gibt es keine Erkenntnis der Gottlosigkeit und Gottverlassenheit der Welt, vielmehr wird das Weltliche immer sein unstillbares Verlangen nach eigener Vergöttlichung zu befriedigen suchen“* (65/404f.).

Angesichts gegenwärtiger Diskussionen über die Zukunft der Kirche scheint mir Bonhoeffers Forderung nach bewusster „Selbstzwecklichkeit“ der Kirche (69/411) *besonders aktuell zu sein. Es reicht keineswegs aus, dass die evangelische Kirche sich primär als Protestbewegung gegen gesellschaftliches Unrecht versteht. Sie muss mit allen Konsequenzen selbstgewiss Kirche sein wollen. Bonhoeffer beklagt, dass das Bewusstsein ihrer „Selbstzwecklichkeit“ im Protestantismus weithin unterentwickelt sei. Die Selbstzwecklichkeit der Kirche ist aber gerade wegen ihres „Für-andere-Daseins“ – wie Bonhoeffer die Aufgabe der Kirche in seinem „Entwurf für eine Arbeit“ in „Widerstand und Ergebung“ bestimmen wird – unverzichtbar.*[22] *Paradoxerweise ist gerade die Berücksichtigung der „Selbstzwecklichkeit" die Voraussetzung dafür, dass die Kirche ihren universalen Auftrag zu erfüllen vermag. Nur eine Kirche, die sich ihrer selbst gewiss ist, kann den Menschen kraftvoll das Evangelium verkündigen – wobei Selbstgewissheit immer Unaufgeregtheit und Unaufdringlichkeit einschließt. Essenzieller Bestandteil ihrer Verkündigung ist der Ruf in die Gemeinschaft der Kirche: „Die Kirche als eigenes Gemeinwesen steht also unter einer doppelten göttlichen Bestimmung, der sie gerecht zu werden hat, der Ausrichtung auf die Welt und gerade darin der Ausrichtung auf sich selbst als der Stätte der Gegenwart Jesu Christi. Es ist die Eigenart der Kirche als eines eigenen Gemeinwesens, dass [sie] in der Umgrenztheit ihres eigenen geistigen und materiellen Bereiches die Unbegrenztheit der Christusbotschaft zum Ausdruck bringt und dass gerade die Unbegrenztheit der Christusbotschaft wieder in die Begrenztheit der Gemeinde hineinruft"* (69/409, Hervorhebungen im Text). *Das Kirchesein gehört, wie nicht erst das Glaubensbekenntnis zeigt, für Bonhoeffer nicht nur zur Form, sondern auch zur Substanz des christlichen Lebens.*

Zumindest indirekt beschreibt er auch, wie er sich die inhaltliche Ausgestaltung der „Selbstzwecklichkeit" der Kirche konkret vorstellt: „Es ist umgekehrt die Gefahr der Reformation, dass sie auf Kosten des eigenen Bereiches der Kirche allein das Mandat der Wortverkündigung ins Auge fasst und damit die Selbstzwecklichkeit der Kirche, die gerade in ihrem Sein für die Welt besteht, fast ganz übersieht. Man braucht nur an die liturgische Armut und Unsicherheit unserer heutigen evangelischen Gottesdienste, – an die Schwäche der kirchlichen Ordnung und des kirchlichen Rechtes, – an das fast vollständige Fehlen einer echten Kirchenzucht, – an die Unfähigkeit weitester evangelischer Kreise, die Bedeutung von Zuchtübungen – also etwa geistlicher Exerzitien, Askese, Meditation, Kontemplation – überhaupt zu verstehen, – an die Unklarheit über den ‚geistlichen Stand' und seine besonderen Aufgaben, – aber schließlich auch an die erschreckende Ratlosigkeit oder Überheblichkeit unzähliger evangelischer Christen angesichts von christlichen Eidesverweigerern, Kriegsdienstverweigerern etc. – zu denken und zu erinnern, um alsbald zu empfinden, wo der Mangel der evangelischen Kirche liegt" (69f./410–412).

Gottes in Jesus Christus offenbartes Gebot in seiner das menschliche Leben umfassenden Einheit, in seiner ungeteilten Inanspruchnahme des Menschen und der Welt durch die versöhnende Liebe Gottes, begegnet uns konkret in vier verschiedenen, nur durch das Gebot selbst geeinten Gestalten: in der Kirche, in Ehe und Familie, in der Kultur, in der Obrigkeit.

Nicht irgendwo und überall, nicht in theoretischer Spekulation und nicht in privater Erleuchtung, nicht in geschichtlichen Mächten und nicht in bezwingenden Idealen ist Gottes Gebot zu finden, sondern allein darin, wo es sich selbst gibt. Nur wo Gott selbst dazu ermächtigt, kann Gottes Gebot gesagt werden, und nur insoweit Gott ermächtigt, insoweit kann das Gebot Gottes legitim ausgerichtet werden. Nicht wo geschichtliche Mächte, starke Ideale, überzeugende Erkenntnisse sind, sondern wo in der Christusoffenbarung begründet göttliche Mandate sind, ist Gottes Gebot zu finden. Um solche Mandate Gottes handelt es sich in der Kirche, in Ehe und Familie, in der Kultur und in der Obrigkeit.

Unter „Mandat" verstehen wir den konkreten in der Christusoffenbarung begründeten und durch die Schrift bezeugten göttlichen Auftrag, die Ermächtigung und Legitimierung zur Ausrichtung eines bestimmten göttlichen Gebotes, die Verleihung göttlicher Autorität an eine irdische Instanz. Unter Mandat ist zugleich die Inanspruchnahme, die Beschlagnahmung und Gestaltung eines bestimmten irdischen

Bereiches durch das göttliche Gebot zu verstehen. Der Träger des Mandats handelt in Stellvertretung, als Platzhalter des Auftraggebers. Recht verstanden wäre auch der Begriff der „Ordnung“ hier verwendbar, nur dass ihm die Gefahr innewohnt, den Blick stärker auf das Zuständliche der Ordnung als auf die die Ordnung allein begründende göttliche Ermächtigung, Legitimierung, Autorisierung zu richten, woraus dann allzu leicht die göttliche Sanktionierung aller überhaupt existierenden Ordnungen und damit ein romantischer Konservativismus folgt, der mit der christlichen Lehre von den vier göttlichen Mandaten nichts mehr zu tun hat. Könnte der Begriff der Ordnung von diesen Missdeutungen gereinigt werden, so wäre er wohl imstande, das Gemeinte in starker und gewinnender Weise auszudrücken. Auch der seit der Reformationszeit bewährte Begriff des „Standes“ bietet sich hier an, aber er ist im Laufe der Geschichte so überwuchert, dass er in seiner ursprünglichen Reinheit einfach nicht aufgenommen werden kann. Zu viel von menschlicher Bevorrechtung, von Privilegien, klingt in diesem Wort mit, als dass man seine ursprüngliche demütige Würde noch heraushörte. Der Begriff des „Amtes“ schließlich ist so profanisiert und so eng mit institutionell-bürokratischem Denken verbunden, dass die Erhabenheit des göttlichen Beschlusses in ihm nicht vernommen werden kann. So bleiben wir in Ermangelung eines besseren Wortes zunächst bei dem Begriff des Mandates, aber doch mit dem Ziel, durch Klärung der Sache selbst zu einer Erneuerung und Wiedergewinnung der alten Begriffe der Ordnung, des Standes und des Amtes beizutragen.

Die göttlichen Mandate hängen allein an Gottes *einem* Gebot, wie es in Christus offenbart ist. Sie sind von oben her in die Welt hineingesenkt als Gliederungen – „Ordnungen“ – der Christuswirklichkeit, das heißt der Wirklichkeit der Liebe Gottes zur Welt und zu den Menschen, die in Jesus Christus offenbart ist. Sie sind also keinesfalls aus der

Geschichte herausgewachsen, sie sind nicht irdische Mächte, sondern göttliche Aufträge. Was Kirche, Ehe und Familie, Kultur und Obrigkeit ist, kann nicht anders als von oben her, von Gott her, gesagt und verstanden werden. Die Träger des Mandats sind nicht Beauftragte von unten, Vollstrecker und Exponenten menschlicher Willensbildungen, sondern im strengen unabdingbaren Sinne Beauftragte, Stellvertreter, Platzhalter Gottes. Das gilt ganz unabhängig von der Art und Weise des historischen Zustandekommens einer Kirche, einer Familie, einer Obrigkeit. So ist in dem Mandatsbereich ein unaufhebbares Oben und Unten gesetzt kraft göttlicher Ermächtigung.

Das Gebot Gottes will dem Menschen also immer in einem irdischen Autoritätsverhältnis, in einer durch ein klares Oben und Unten bestimmten Ordnung begegnen. Aber dieses Oben und Unten bedarf sogleich der näheren Bestimmung: 1.) Es ist nicht identisch mit einem irdischen Machtverhältnis. Keinesfalls kann sich der Mächtigere gegenüber dem Schwächeren ohne Weiteres auf das göttliche Mandat berufen. Vielmehr gehört es zum Wesen des göttlichen Mandates, dass es die irdischen Machtverhältnisse in seiner Weise korrigiert und ordnet. 2.) Ferner muss betont werden, dass das göttliche Mandat nicht nur das Oben, sondern eben auch das Unten schafft. Oben und Unten gehören in einer – später noch näher zu bestimmenden – unauflöslichen einander begrenzenden Beziehung zueinander. 3.) Zwar ist das Oben und Unten ein Verhältnis nicht von Begriffen oder Dingen, sondern von Personen zueinander, aber eben von solchen Personen, die sich, ob oben oder unten, dem Auftrag Gottes und ihm allein beugen. Auch der Herr hat einen Herren und nur diese Tatsache begründet überhaupt sein Herrsein, ermächtigt, legitimiert ihn gegenüber dem Knecht. Herr und Knecht schulden einander diejenige Ehre, die aus der jeweiligen Teilhabe an dem Mandat Gottes entspringt. Dem

Missbrauch des Obenseins zur Schädigung dessen, der unten ist, steht gleichwertig und ebenso häufig der Missbrauch des Untenseins gegenüber. Abgesehen von persönlichen Entgleisungen ist der Missbrauch des Oben- wie des Untenseins zwangsläufig, wenn die Begründung von beidem im Mandat Gottes nicht mehr erkannt wird. Das Obensein wird dann als zufällige Gunst des Schicksals aufgefasst, ergriffen und bedenkenlos ausgenutzt wie dementsprechend das Untensein als ungerechte Benachteiligung zu Empörung und Aufstand führen muss. Sobald aber einmal das Unten sich der in ihm wohnenden Gewalten bewusst geworden ist, sobald der kritische Augenblick erreicht ist, in dem wie durch einen plötzlichen Akt der Erkenntnis und der Selbstbefreiung dem Unten die dunklen Kräfte der Zerstörung, der Verneinung, des Zweifels und der Auflehnung zuströmen und sich in diesen chaotischen Kräften allem Bestehenden, allem Oben gegenüber überlegen fühlt, ebenso bald hat sich das Verhältnis von Oben und Unten in sein Gegenteil verkehrt. Es gibt kein echtes Oben und Unten mehr, sondern was oben ist, zieht seine Ermächtigung und Legitimation allein von unten und das Unten sieht in dem, der – von unten her – oben ist, nur den personifizierten Anspruch des Untenseins auf das Obensein. So wird das Unten hier zu einer ständigen und zwangsläufigen Bedrohung dessen, der oben ist, und dieser wieder kann angesichts der Bedrohung nur durch immer weiteres Aufwiegeln des Unten einerseits und durch Terror gegen die aufrührerischen Mächte des Unten andererseits seine Position „oben“ halten. Das Verhältnis von Oben und Unten ist in diesem Stadium der Umkehrung und der Auflösung das der tiefsten Feindschaft, des Misstrauens, des Betruges und des Neides. In dieser Atmosphäre aber gedeiht auch der rein persönliche Missbrauch des Oben- und des Untenseins in sonst nie dagewesener Weise. Im Erschauern vor den Gewalten der Empörung muss die Tatsache, dass eine echte von oben her begründete Ordnung überhaupt möglich war, als das erscheinen, was sie in Wirklichkeit ist: als ein Wunder. Die echte Ordnung des Oben und Unten lebt aus dem Glauben an den Auftrag von „oben“, an den „Herrn“ der „Herren“. Dieser Glaube allein bannt die dämonischen Gewalten, die von unten her aufsteigen. Zerbricht dieser Glaube, dann bricht das ganze von oben her in die Welt gesenkte Gefüge wie nichts in sich zusammen. Die einen sagen: Es war ein Volksbetrug, die anderen: Es war ein Wunder. Gemeinsam muss beiden das Staunen über die Macht des Glaubens sein.

Nur in ihrem Miteinander, Füreinander und Gegeneinander bringen die göttlichen Mandate der Kirche, der Ehe und Familie, der Kultur und der Obrigkeit das Gebot Gottes, wie es in Jesus Christus geoffenbart ist, zu Gehör. Keines dieser Mandate besteht für sich allein und kann den Anspruch erheben, alle anderen zu ersetzen. Die Mandate sind *miteinander* oder sie sind nicht göttliche Mandate. In ihrem Miteinander aber sind sie nicht isoliert, getrennt voneinander, sondern aufeinander hin ausgerichtet. Sie sind *füreinander* oder sie sind nicht Gottes Mandate. In diesem Mit- und Füreinander aber ist eins durch das andere begrenzt und diese Begrenzung wird innerhalb des Füreinander notwendig als Gegeneinander erfahren. Wo dieses *Gegeneinander* nicht mehr da ist, dort ist nicht mehr Gottes Mandat.

Das Obensein steht also in einer dreifachen je in verschiedener Weise wirksam werdenden Begrenzung, durch den Auftraggeber, Gott, selbst, durch die anderen Mandate, und durch das Untensein. Diese Begrenzungen aber bedeuten zugleich seinen Schutz. Der Schutz aber dient der Ermutigung zur Wahrnehmung des göttlichen Mandates, wie die Begrenzung die Warnung vor seiner Überschreitung ist. Schutz und Begrenzung sind zwei Seiten derselben Sache. Gott schützt, indem er begrenzt, Gott ermutigt, indem er warnt.

Wir sprechen nun zunächst nacheinander von dem Gebot

Gottes in jedem der vier Mandate, dann von ihrem Miteinander, Füreinander und Gegeneinander.

Das Gebot Gottes in der Kirche

In zweierlei Weise begegnet uns Gottes Gebot in der Kirche: in der Predigt und in der Beichte beziehungsweise der Kirchenzucht, das heißt öffentlich und verborgen, an die versammelten Hörer der Predigt und an den einzelnen Menschen gerichtet. Beide Gestalten des göttlichen Gebotes gehören notwendig zusammen. Wo die Beichte beziehungsweise die Kirchenzucht verloren gegangen ist, dort wird das Gebot Gottes in der Predigt nur als Verkündigung allgemeiner sittlicher Prinzipien verstanden, denen an sich jeder konkrete Anspruch mangelt. Wo aber die öffentliche Predigt gegenüber dem Beichtstuhl ganz in den Hintergrund tritt, dort mangelt es zwar nicht an Konkretion, aber es entsteht eine gefährliche gesetzliche Kasuistik, die die Freiheit des Glaubens zerstört, und die unvermeidliche Folge ist jenes dauernde heimliche Hineinreden in die anderen göttlichen Mandate, Familie, Kultur, Obrigkeit, und die Zerstörung des freien Miteinanders der Mandate zugunsten der Absolutsetzung des kirchlichen Mandates. Es ist kein Zweifel, dass in diesen beiden Möglichkeiten die Schwächen der evangelischen und der katholischen Kirche berührt sind. Der evangelischen Kirche ging die konkrete Ethik verloren, als der Pfarrer sich nicht mehr dauernd vor die Fragen und Verantwortlichkeiten des Beichtstuhls gestellt sah. Unter fälschlicher Berufung auf die christliche Freiheit entzog er sich der konkreten Verkündigung des göttlichen Gebotes. So wird erst mit der Wiederentdeckung des göttlichen Amtes der Beichte die evangelische Kirche zu einer konkreten Ethik zurückfinden, die sie in der Reformationszeit besaß. Der katholische Geistliche wird während seines gesamten Studiums auf sein Amt als Beichtvater vorbereitet durch die Besprechung unzähliger „Casus“, in denen er zu entscheiden haben wird. Dass dadurch die Gefahr einer Vergesetzlichung und Pädagogisierung des göttlichen Gebotes sehr naheliegt, kann nicht bezweifelt werden. Sie wird nur durch eine Wiederentdeckung des christlichen Predigtamtes überwunden werden können.

Gemeinsam ist den beiden Gestalten des göttlichen Gebotes in der Kirche, dass sie *Verkündigung göttlicher Offenbarung* sind. Das der Kirche gegebene Mandat ist das der *Verkündigung.* Gott will einen Ort, an dem sein Wort bis ans Ende der Welt immer wieder gesagt, ausgesprochen, ausgerichtet, ausgelegt, ausgebreitet wird. Das in Jesus Christus vom Himmel gekommene Wort will wiederkommen in der Gestalt menschlicher Rede. Das Mandat der Kirche ist das göttliche Wort. In diesem Wort will Gott selbst gegenwärtig sein. In der Kirche will Gott selbst zu Wort kommen.

Es ist das Wort der Offenbarung Gottes in Jesus Christus, das die Kirche verkündigt. Weil es also ein Wort ist, das aus keines Menschen eigenem Herzen, Verstand und Wesen, sondern aus dem Himmel, aus Gottes Willen und Erbarmen herab zum Menschen kommt, ein Wort aus Befehl und Einsetzung Jesu Christi, darum setzt es, indem es kommt, zugleich ein klares Gegenüber von Oben und Unten. Oben ist das Amt der Verkündigung, unten die hörende Gemeinde. An der Stelle Gottes und Jesu Christi steht vor der Gemeinde der Träger des Predigtamtes mit seiner Verkündigung. Der Prediger ist nicht der Exponent der Gemeinde, sondern – wenn der Ausdruck einmal gebraucht werden darf – der Exponent Gottes gegenüber der Gemeinde. Er ist ermächtigt zur Lehre, zur Ermahnung und Tröstung, Sünde zu vergeben, aber auch Sünde zu behalten. Er ist zugleich der Hirte, der Pastor, der Gemeinde. Dieses Amt ist unmittelbar von Jesus Christus gesetzt, es empfängt seine Legitimation nicht durch den Willen der Gemeinde, sondern durch den Willen Jesu Christi. Es ist *in* der Gemeinde, nicht *durch* die Gemeinde gesetzt. Es ist gleichzeitig mit der Gemeinde. Wo dieses Amt in der Gemeinde voll ausgeübt wird, dort werden alle anderen Ämter der Gemeinde, die doch nur dem Amt des göttlichen Wortes dienen können, lebendig; denn wo das Wort Gottes allein regiert, dort entsteht Glaube und Dienst. Die unter der Verkündigung des Wortes Gottes erwachende Gemeinde wird die Echtheit ihres Glaubens darin bewähren, dass sie das Predigtamt in seiner einzigartigen Herrlichkeit ehrt und ihm mit allen Kräften dient, nicht aber darin, dass sie unter Berufung auf ihren Glauben und auf das allgemeine Priestertum aller Gläubigen das Amt gering achtet, hindert oder gar in Abhängigkeit von sich zu bringen versucht. Das Obensein des Predigtamtes wird gerade durch ein echtes Untensein der Gemeinde, das heißt durch Glauben, Beten, Dienen, nicht aber durch Unterminierung und Sprengung der göttlichen Ordnung und ein verkehrtes Obensein-Wollen der Gemeinde, vor Missbrauch und Gefahr bewahrt.

Das Amt der Verkündigung als Zeugnis von Jesus Christus ist gebunden an die Heilige Schrift. Es muss hier der Satz gewagt werden, dass die Schrift wesentlich dem Predigtamt zugehört, der Gemeinde aber die Predigt. Die Schrift will ausgelegt und gepredigt sein. Sie ist ihrem Wesen nach nicht ein Erbauungsbuch der Gemeinde. Der ausgelegte Predigttext gehört der Gemeinde und von ihm aus gibt es ein „Suchen in der Schrift, ob es sich also verhält" (Apg 17,11), wie die Predigt es verkündigt hat, gibt es also im Grenzfall die Notwendigkeit des Widerspruchs gegen die Predigt aufgrund der Heiligen Schrift. Aber auch damit ist vorausgesetzt, dass die Heilige Schrift ihrem Wesen gemäß dem Lehramt zugehört. Der Griff nach der Heiligen Schrift vonseiten des einzelnen Christen oder einer Gruppe von Christen unter Berufung auf das gleiche Recht aller Christen, auf die Mündigkeit im

Glauben, auf die Evidenz des Schriftwortes ist durchaus noch kein Zeichen besonderer Ehrerbietung und besonderer geistlicher Erkenntnis des Wesens der göttlichen Offenbarung. Viel Übermut, Unordnung, Aufruhr und geistliche Verwirrung hat hier ihren Ursprung. Es entspricht der Heiligkeit der Schrift zu erkennen, dass es eine Gnade ist, zu ihrer Auslegung und Verkündigung berufen zu sein, aber dass es auch eine Gnade ist, nur der Hörer der Auslegung und Verkündigung sein zu dürfen. Das Predigtbuch und das Gebetbuch als die vornehmlichen Bücher der Gemeinde, die Heilige Schrift als Buch des Predigers, das könnte wohl ein angemessener Ausdruck des göttlichen Gegenübers von Gemeinde und Amt sein. Dabei muss es deutlich sein, dass diese Gedanken nicht einer pfäffischen Volkspädagogik, sondern der Offenbarung Gottes selbst entspringen.

Aufgrund der Heiligen Schrift verkündigt das Predigtamt Jesus Christus als den Herrn und Erretter der Welt. Es gibt keine legitime kirchliche Verkündigung, die nicht Christusverkündigung wäre. Die Kirche hat nicht zweierlei Wort, ein allgemeinvernünftig-naturrechtliches und ein christliches, ein Wort also für die Ungläubigen, ein anderes für die Gläubigen. Nur ein pharisäischer Dünkel kann die Kirche dazu führen, den einen die Christusverkündigung vorzuenthalten, den anderen nicht. Weil ihr Wort sein einziges Recht, seine einzige Autorisierung in dem Auftrag Jesu Christi hat, darum muss jedes Wort, das von dieser Autorisierung absieht, leerer Schall sein. In der Begegnung mit der Obrigkeit zum Beispiel, deren Mandat es gewiss nicht ist, Christus zu bekennen, die vielmehr auf ganz konkrete Missstände angesprochen werden soll, deren Beseitigung zu ihrem göttlichen Mandat gehört, kann doch die Kirche nicht einfach aufhören Kirche zu sein, sondern nur indem sie ihr eigenstes Mandat erfüllt, kann sie legitim die Obrigkeit auf die Erfüllung ihres Mandates anreden. Die Kirche hat auch nicht zweierlei

Gebot zu ihrer Verfügung, eines für die Welt, ein anderes für die christliche Gemeinde, sondern ihr Gebot ist das in Jesus Christus offenbarte *eine* Gebot Gottes, das sie aller Welt verkündigt.

Dieses Gebot verkündigt die Kirche, indem sie Jesus Christus als Herrn und Heiland seiner Gemeinde und aller Welt bezeugt und damit in seine Gemeinschaft ruft.

Jesus Christus, der ewige Sohn beim Vater in Ewigkeit, – das bedeutet, dass nichts Geschaffenes gedacht und in seinem Wesen begriffen werden kann ohne Christus, den Mittler der Schöpfung. Durch ihn und zu ihm ist alles geschaffen und alles hat seine Existenz nur in ihm (Kol 1,15 ff.). Vergeblich ist es, Gottes Willen mit dem Geschaffenen erkennen zu wollen außerhalb von Christus.

Jesus Christus, der menschgewordene Gott, – das bedeutet, dass Gott alles menschliche Wesen leibhaftig angenommen hat, dass göttliches Wesen von nun an nicht anders als in menschlicher Gestalt gefunden werden kann, dass in Jesus Christus der Mensch dazu befreit ist, vor Gott wirklich Mensch zu sein. Das „Christliche" ist nun nicht etwas jenseits des Menschlichen, sondern es will mitten im Menschlichen sein. Das „Christliche" ist nicht ein Selbstzweck, sondern es besteht darin, dass der Mensch als Mensch vor Gott leben darf und soll. In der Menschwerdung bekundet Gott sich als der, der nicht für sich selbst, sondern „für uns" da sein will. Als Mensch vor Gott zu leben angesichts der Menschwerdung Gottes kann also nur heißen, nicht für sich selbst, sondern für Gott und die anderen Menschen da zu sein.

Jesus Christus, der gekreuzigte Versöhner – das bedeutet zunächst, dass die ganze Welt durch ihre Verwerfung Jesu Christi gottlos geworden ist und dass keine eigene Anstrengung diesen Fluch von ihr nimmt. Die Weltlichkeit der Welt hat ihre Signatur ein für alle Mal durch das Kreuz Christi empfangen. Aber weil das Kreuz Christi das Kreuz der

Versöhnung der Welt mit Gott ist, darum steht gerade die gottlose Welt zugleich unter der Signatur der Versöhnung als der freien Setzung Gottes. Das Kreuz der Versöhnung ist die Befreiung zum Leben vor Gott mitten in der Gott-losen Welt, es ist die Befreiung zum Leben in echter Weltlichkeit. Befreiung ist die Verkündigung vom Kreuz der Versöhnung, weil sie die vergeblichen Versuche hinter sich lässt, die Welt zu vergöttlichen, weil sie die Entzweiungen, Spannungen, Konflikte zwischen „Christlichem" und „Weltlichem" überwunden hat und zu einfältigem Tun und Leben im Glauben an die geschehene Versöhnung der Welt mit Gott ruft. Nur durch die Verkündigung des gekreuzigten Christus gibt es ein Leben in echter Weltlichkeit, also nicht im Widerspruch zur Verkündigung und auch nicht neben ihr her in irgendeiner Eigengesetzlichkeit des Weltlichen, sondern gerade „in, mit und unter" der Christusverkündigung ist echtes weltliches Leben möglich und wirklich. Ohne oder gegen die Verkündigung des Kreuzes Christi gibt es keine Erkenntnis der Gottlosigkeit und Gottverlassenheit der Welt, vielmehr wird das Weltliche immer sein unstillbares Verlangen nach eigener Vergöttlichung zu befriedigen suchen. Wo aber das Weltliche *neben* der Christusverkündigung sein eigenes Gesetz aufrichtet, dort verfällt es ganz sich selbst und muss sich schließlich selbst an Gottes statt setzen. In beiden Fällen hört das Weltliche auf, weltlich zu sein, auf sich selbst gestellt will und kann das Weltliche nicht nur weltlich sein, sondern es sucht verzweifelt und krampfhaft nach der Vergöttlichung des Weltlichen, und die Folge ist, dass gerade dieses betont und ausschließlich weltliche Leben einer unechten, halben Weltlichkeit verfällt; es fehlt die Freiheit und der Mut zur echten und ganzen Weltlichkeit, das heißt, die Welt das sein zu lassen, was sie vor Gott in Wirklichkeit ist, nämlich eine in ihrer Gottlosigkeit mit Gott versöhnte Welt. Über die inhaltlichen Bestimmungen der „echten Weltlichkeit" werden wir später zu sprechen haben. Entscheidend ist hier nur, *dass es echte Weltlichkeit gerade und nur aufgrund der Verkündigung des Kreuzes Jesu Christi gibt.*

Jesus Christus, der auferstandene und erhöhte Herr – das bedeutet, dass Jesus Christus Sünde und Tod überwunden hat und der lebendige Herr ist, dem alle Gewalt gegeben ist im Himmel und auf Erden. Alle Mächte der Welt sind ihm unterworfen und müssen ihm dienen, jede in ihrer Weise. Die Christusverkündigung gilt nun aller Kreatur als der befreiende Ruf unter die Herrschaft Jesu Christi. Keine irdischen Grenzen gelten für diese Verkündigung, sie ist ökumenisch, das heißt den Erdkreis umfassend. Die Herrschaft Jesu Christi ist keine Fremdherrschaft, sondern die Herrschaft des Schöpfers, Versöhners und Erlösers, die Herrschaft dessen, durch den und zu dem hin alles Geschaffene ist, ja in dem allein alles Geschaffene seinen Ursprung, sein Ziel und sein Wesen findet. Kein fremdes Gesetz zwingt Jesus Christus dem Geschaffenen auf, aber er duldet auch keine von seinem Gebot abgelöste „Eigengesetzlichkeit" des Geschaffenen. Das Gebot Jesu Christi, des lebendigen Herrn, befreit das Geschaffene zur Erfüllung des ihm eigenen – das heißt aber von seinem Ursprung, Ziel und Wesen in Jesus Christus her innewohnenden – Gesetzes. Das Gebot Jesu [Christi] begründet keine Herrschaft der Kirche über die Obrigkeit oder der Obrigkeit über die Familie oder der Kultur über Obrigkeit und Kirche oder was immer hier an möglichen Herrschaftsverhältnissen gedacht werden mag. Zwar regiert das Gebot Jesu Christi Kirche, Familie, Kultur, Obrigkeit, doch so, dass es zugleich jedes dieser Mandate zur Wahrnehmung der ihm zukommenden Funktion befreit. Der von der Kirche verkündete Herrschaftsanspruch Jesu Christi bedeutet zugleich die Befreiung der Familie, der Kultur, der Obrigkeit zu ihrem eigenen – in Christus begründeten – Wesen. Erst aufgrund der aus der verkündigten Christusherrschaft entspringenden Befreiung gibt es jenes rechte Miteinander, Füreinander und Gegeneinander der göttlichen Mandate, von dem wir später ausführlich zu sprechen haben werden.

Wenn wir eben sagten, dass die Herrschaft des Gebotes Christi über alle Kreatur nicht mit der Herrschaft der Kirche gleichbedeutend sei, so haben wir damit ein entscheidendes Problem des Mandates der Kirche berührt, dem wir nun nicht mehr aus dem Wege gehen dürfen.

Es ist das Mandat der Kirche, Gottes Offenbarung in Jesus Christus zu verkündigen. Aber es ist das Geheimnis dieses Namens, dass er nicht nur einen einzelnen Menschen bezeichnet, sondern zugleich die ganze menschliche Natur in sich beschließt. Jesus Christus kann immer nur als der bezeugt und verkündigt werden, in dem Gott die Menschheit leibhaftig angenommen hat. In Jesus Christus ist die neue Menschheit, ist die Gemeinde Gottes. In Jesus Christus sind das Wort Gottes und die Gemeinde Gottes unlösbar miteinander verbunden. Wort Gottes und Gemeinde Gottes gehören durch Jesus Christus unscheidbar zusammen. Wo also Jesus Christus gemäß göttlichen Mandates verkündigt wird, dort ist immer auch Gemeinde. Das bedeutet zunächst nur dies, dass da Menschen sind, die das Wort von Christus annehmen, glauben, sich gefallen lassen im Unterschied zu anderen, die es nicht annehmen, sondern verwerfen, also dass da Menschen sind, die an sich geschehen lassen, was eigentlich von Gott her an allen Menschen geschehen sollte, Menschen also, die stellvertretend für die anderen Menschen, für die ganze Welt dastehen. Zwar sind es Menschen, die zugleich in Familie, Kultur und Obrigkeit ihr weltliches Leben führen, und zwar als durch das Christuswort zum Leben in der Welt Befreite, aber als Versammlung um das göttliche Wort, als in diesem Wort erwählte und lebende Menschen bilden sie nun doch auch ein Gemeinwesen, einen Körper für sich selbst, also im Unterschied zu den weltlichen Ordnungen.

Um dieses eigene „Gemeinwesen“ geht es nun und zwar zunächst in seiner notwendigen Unterscheidung von dem göttlichen Mandat der Verkündigung. Das Wort Gottes, wie es kraft göttlichen Mandates verkündigt wird, herrscht und regiert über alle Welt, das „Gemeinwesen“, das um dieses Wort herum entsteht, herrscht nicht über die Welt, sondern es dient ganz der Erfüllung des göttlichen Mandates. Das Gesetz dieses „Gemeinwesens“ kann und darf niemals zum Gesetz der weltlichen Ordnungen werden, ohne eine Fremdherrschaft aufzurichten, wie umgekehrt das Gesetz einer weltlichen Ordnung niemals zum Gesetz dieses Gemeinwesens werden kann und darf. Die Einzigartigkeit des göttlichen Mandates der Kirche besteht also darin, dass die Verkündigung der Christusherrschaft über alle Welt unterschieden bleiben muss von dem „Gesetz“ der Kirche als Gemeinwesen, dass aber andererseits die Kirche als Gemeinwesen nicht von dem Amt der Verkündigung zu trennen ist.

Die Kirche als eigenes Gemeinwesen dient der Erfüllung des göttlichen Mandates der Verkündigung und zwar in einer zweifachen Weise: *Erstens*: indem alles in diesem Gemeinwesen ausgerichtet ist auf die wirksame Ausrichtung der Christusverkündigung an alle Welt, so also, dass die Gemeinde selbst nur Werkzeug, nur Mittel zum Zweck ist; *zweitens*, indem eben in diesem Eintreten der Gemeinde für die Welt bereits das Ziel und der Anbruch der Erfüllung des göttlichen Mandates der Verkündigung geschehen ist, so also, dass die Gemeinde gerade, indem sie selbst nur Werkzeug und Mittel zum Zweck sein will, zum Ziel- und Mittelpunkt alles Handelns Gottes mit der Welt geworden ist. Der Begriff der Stellvertretung bezeichnet diese doppelte Beziehung am Klarsten. Die christliche Gemeinde steht an der Stelle, an der die ganze Welt stehen sollte; insofern dient sie stellvertretend der Welt, ist sie um der Welt willen da. Andererseits kommt die Welt dort zu ihrer eigenen Erfüllung, wo die Gemeinde steht, die

Gemeinde ist die „neue Schöpfung", die „neue Kreatur", das Ziel der Wege Gottes auf Erden. In dieser doppelten Stellvertretung steht die Gemeinde ganz in der Gemeinschaft und Nachfolge ihres Herrn, der gerade darin der Christus war, dass er ganz für die Welt und nicht für sich selbst da war.

Die Kirche als eigenes Gemeinwesen steht also unter einer doppelten göttlichen Bestimmung, der sie gerecht zu werden hat, der Ausrichtung auf die Welt und gerade darin der Ausrichtung auf sich selbst als der Stätte der Gegenwart Jesu Christi. Es ist die Eigenart der Kirche als eines eigenen Gemeinwesens, dass sie in der Um*grenzt*heit ihres eigenen geistigen und materiellen Bereiches die *Un*begrenztheit der Christusbotschaft zum Ausdruck bringt und dass gerade die Unbegrenztheit der Christusbotschaft wieder in die Begrenztheit der Gemeinde hineinruft.

Es ist die Gefahr des Katholizismus, dass er die Kirche wesentlich als Selbstzweck versteht auf Kosten des göttlichen Mandats der Wortverkündigung. Es ist umgekehrt die Gefahr der Reformation, dass sie auf Kosten des eigenen Bereiches der Kirche allein das Mandat der Wortverkündigung ins Auge fasst und damit die Selbstzwecklichkeit der Kirche, die gerade in ihrem Sein für die Welt besteht, fast ganz übersieht. Man braucht nur an die liturgische Armut und Unsicherheit unserer heutigen evangelischen Gottesdienste, – an die Schwäche der kirchlichen Ordnung und des kirchlichen Rechtes, – an das fast vollständige Fehlen einer echten Kirchenzucht, – an die Unfähigkeit weitester evangelischer Kreise, die Bedeutung von Zuchtübungen – also etwa geistlicher Exerzitien, Askese, Meditation, Kontemplation – überhaupt zu verstehen, – an die Unklarheit über den „geistlichen Stand" und seine besonderen Aufgaben, – aber schließlich auch an die erschreckende Ratlosigkeit oder Überheblichkeit unzähliger evangelischer Christen angesichts von christlichen Eidesverweigerern, Kriegsdienstverweigerern etc. – zu denken und zu erinnern, um alsbald zu empfinden, wo der Mangel der evangelischen Kirche liegt. Das ausschließliche Interesse an dem göttlichen Mandat der Verkündigung und damit das Interesse an dem Auftrag der Kirche für die Welt hat dazu geführt, dass der innere Zusammenhang dieses Auftrags mit dem eigenen kirchlichen Bereich übersehen wurde. Unter diesem Mangel musste die Kraft, die Fülle, der Reichtum der Verkündigung selbst leiden, weil ihr der fruchtbare Boden fehlte. Bildlich gesprochen ist der Auftrag zur Verkündigung in die Gemeinde hineingesenkt wie das Samenkorn in den Acker. Ohne Bereitung des Bodens verkümmert der Same und wird um die in ihm wohnende Fruchtbarkeit gebracht.

Schuld, Rechtfertigung, Erneuerung

Einführung

Aller Wahrscheinlichkeit nach hat Bonhoeffer die Gedanken zu „Schuld, Rechtfertigung und Erneuerung" zwischen April und Ende 1941 verfasst, d. h. nach dem Sieg Deutschlands über Frankreich und dem Überfall auf die Sowjetunion, aber noch lange vor der Niederlage von Stalingrad, als die meisten Menschen noch davon überzeugt waren, dass Deutschland den Krieg gewinnen würde. Das inhaltliche Zentrum bildet ein Schuldbekenntnis der Kirche, das entlang der Zehn Gebote formuliert ist und bis in einzelne Wendungen hinein auf die Verbrechen Nazi-Deutschlands anspielt. Bonhoeffer ist überzeugt, dass die Kirche ihre Schuld stellvertretend für die deutsche Gesellschaft bekennen muss, damit nach dem Ende des Krieges ein friedlicher Neuanfang zwischen den Völkern Europas (Bonhoeffer spricht vom Abendland) möglich ist. Die neu gebildete EKD hat nach Kriegsende den Gedanken eines Schuldbekenntnisses aufgenommen und im sog. Stuttgarter Schuldbekenntnis am 19. Oktober 1945 erstmals eine Mitschuld der Kirche am Nationalsozialismus bekannt. Das Bekenntnis war von Vertretern des Ökumenischen Rates der Kirchen, zu denen Lordbischof Bell, der langjährige Freund Bonhoeffers, gehörte, anlässlich ihres ersten Besuchs im Nachkriegsdeutschland eingefordert worden. Es stellte die Voraussetzung für die Aussöhnung der deutschen evangelischen Kirche mit den Kirchen der alliierten Länder dar. Im Gegenzug wurde von diesen die Aktion der Carepakete zugunsten der hungernden Deutschen gestartet. Im damaligen Deutschland war das Schuldbekenntnis übrigens hochumstritten.

In den vergangenen Jahrzehnten ist es geradezu modern geworden, im Raum der Politik Schuld zu bekennen. Prominente Beispiele für Schuldbekenntnisse sind die von Bill Clinton vor dem amerikanischen Senat und vom japanischen Ministerpräsidenten Obuchi in dessen Rede 1998 in Korea. Selbst die Queen hat bei ihrem Staatsbesuch in Deutschland im Jahr 2004 dem öffentlichen Druck nicht widerstehen können und sich zwar nicht verbal für die Bombenangriffe auf die Zivilbevölkerung deutscher Städte im Zweiten Weltkrieg entschuldigt, dafür aber zu einem Benefizkonzert in die Berliner Philharmonie eingeladen, dessen Spenden dem Wiederaufbau der Frauenkirche in Dresden zugutekamen. Bonhoeffer ist in der „Ethik" bemerkenswerterweise der Überzeugung, dass es im politischen Raum keine Entschuldigungen geben kann und man sich hier mit einem „Vernarben" der Schuld begnügen muss. „Die Kirche erfährt im Glauben die Vergebung aller ihrer Sünden und einen neuen Anfang durch Gnade, für die Völker gibt es nur ein Vernarben der Schuld in der Rückkehr zur Ordnung, zum Recht, zum Frieden, zum freien Ergehenlassen der kirchlichen Verkündigung von Jesus Christus" (80/134).

Es geht um das Gestaltwerden der Gestalt Christi unter uns. Es geht also um den wirklichen, den gerichteten, den erneuerten Menschen. Es gibt den wirklichen, den gerichteten und erneuerten Menschen nicht anders als in der Gestalt Jesu Christi und also in der Gleichgestaltung mit ihm. Nur der in Christus angenommene Mensch ist der wirkliche Mensch, nur der vom Kreuze Christi betroffene Mensch ist der gerichtete Mensch, nur der der Auferstehung Christi teilhaftige ist der erneuerte Mensch. Seit Gott in Christus Mensch wurde, ist alles Denken über den Menschen ohne Christus unfruchtbare Abstraktion. Das Gegenbild zu dem in die Gestalt Jesu Christi aufgenommenen Menschen ist der Mensch als sein eigener Schöpfer, sein eigener Richter und sein eigener Erneuerer, es ist der Mensch, der an seinem eigentlichen Menschsein vorbeilebt und darum früher oder später sich selbst zerstört. Der Abfall des Menschen von Christus ist zugleich sein Abfall von seinem eigenen Wesen.

Umkehr gibt es nur auf dem Wege der Erkenntnis der Schuld an Christus. Nicht Verfehlung und Verirrung hier und dort, Übertretungen eines abstrakten Gesetzes, sondern der Abfall von Christus, von der Gestalt, die in uns Gestalt werden und uns zu unserer eigentlichen Gestalt führen wollte, muss als Schuld erkannt werden. Echte Schulderkenntnis erwächst nicht aus den Erfahrungen der Auflösung und des Verfalls, sondern für uns, die wir ihm begegneten, allein an der Gestalt Christi selbst. Sie setzt also ein Maß an Gemeinschaft mit dieser Gestalt voraus. Eben darum ist sie ein Wunder; denn wie soll der von Christus Abgefallene noch Gemeinschaft mit Christus haben, es sei denn durch die Gnade, mit der Christus selbst den Abgefallenen festhält und ihm die Gemeinschaft bewahrt? Schulderkenntnis gibt es nur aufgrund der Gnade Christi, aufgrund des Griffes Christi nach dem Abfallenden. In dieser Schulderkenntnis nimmt der Prozess der Gleichgestaltung des Menschen mit Christus seinen Anfang. Darin unterscheidet sich diese Schulderkenntnis von jeder anderen, die selbstgewirkt und unfruchtbar ist.

Der Ort, an dem diese Schulderkenntnis wirklich wird, ist die Kirche. Das darf jedoch nicht so verstanden werden, als ob die Kirche neben anderem, was sie ist und tut, auch noch der Ort echter Schulderkenntnis ist. Sondern die Kirche ist eben jene Gemeinschaft von Menschen, die durch die Gnade Christi zur Erkenntnis der Schuld an Christus geführt worden ist. Dass die Kirche der Ort der Schulderkenntnis ist, ist also eine tautologische Aussage. Wo es anders wäre, wäre die Kirche nicht mehr Kirche.

Die Kirche ist heute die Gemeinschaft der Menschen, die erfasst von der Gewalt der Gnade Christi ihre eigene persönliche Sünde wie den Abfall der abendländischen Welt von Jesus Christus als Schuld an Jesus Christus erkennt, bekennt und auf sich nimmt. Sie ist es, an der Jesus seine Gestalt mitten in der Welt verwirklicht. Darum kann auch nur die Kirche der Ort der persönlichen und gemeinschaftlichen Wiedergeburt und Erneuerung sein.

Es ist ein Zeichen der lebendigen Gegenwart Christi, dass es Menschen gibt, in denen die Erkenntnis des Abfalls von Jesus Christus nicht nur in dem Sinne wachgehalten wird, dass dieser Abfall bei den anderen konstatiert wird, sondern sodass Menschen sich selbst an diesem Abfall schuldig bekennen. Das Bekenntnis der Schuld geschieht ohne Seitenblicke auf die Mitschuldigen. Es ist streng exklusiv, indem es alle Schuld auf sich nimmt. Wo noch gerechnet und abgewogen wird, dort tritt die unfruchtbare Moral der Selbstgerechtigkeit an die Stelle des Schuldbekenntnisses angesichts der Gestalt Christi. Eben weil nicht die einzelne Verfehlung, sondern die Gestalt Christi der Ursprung des Schuldbekenntnisses ist, darum ist dieses ein bedingungsloses und vollständiges; denn durch nichts anderes bezwingt uns ja Christus stärker als dadurch, dass er unsere Schuld bedingungslos und vollständig auf sich nahm, sich für schuldig erklärte an unserer Schuld und uns frei ausgehen ließ. Der Blick auf diese Gnade Christi befreit gänzlich vom Blick auf die Schuld der anderen und lässt den Menschen vor Christus in die Knie sinken mit dem Bekenntnis: mea culpa, mea culpa, mea maxima culpa.

Mit diesem Bekenntnis fällt die ganze Schuld der Welt auf die Kirche, auf die Christen und indem sie hier nicht geleugnet, sondern bekannt wird, tut sich die Möglichkeit der Vergebung auf. Für den Moralisten völlig unbegreiflich wird hier nicht nach dem eigentlich Schuldigen gesucht, wird nicht die gerechte Sühne als Strafe an den Bösen und als Lohn an den Guten gefordert, der Böse wird nicht bei seinem Bösen behaftet (im Sinne des apokalyptischen „wer böse ist, der sei fernerhin böse", Offb 22,11), sondern es sind Menschen da, die alle, wirklich alle Schuld auf sich selbst nehmen, nicht in irgendeinem heroischen Entschluss der Aufopferung, sondern einfach überwältigt durch ihre eigenste Schuld an Christus, und die in diesem Augenblick nicht mehr an vergeltende Gerechtigkeit gegenüber den „Hauptschuldigen", sondern nur noch an die Vergebung ihrer eigenen großen Schuld denken können.

Es ist zunächst die ganz persönliche Sünde jedes Einzelnen, die hier als vergiftende Quelle für die Gemeinschaft erkannt wird. Auch die heimlichste Sünde des Einzelnen ist Verunreinigung und Zerstörung des Leibes Christi (1Kor 6,15). Aus dem Begehren, das in unseren Gliedern steckt, entsteht Mord, Neid, Streit, Krieg (Jak 4,1 ff.). Ich kann mich nicht dabei beruhigen, dass mein Anteil nur ein verschwindend geringer sei, hier wird nicht gerechnet, sondern ich muss erkennen, dass gerade meine Sünde an allem schuld ist. Ich bin schuldig des ungeordneten Begehrens, ich bin schuldig des feigen Verstummens, wo ich hätte reden sollen, ich bin schuldig der Unwahrhaftigkeit und der Heuchelei angesichts der Gewalt, ich bin schuldig der Unbarmherzigkeit und der Verleugnung der ärmsten meiner Brüder, ich bin schuldig der Untreue und des Abfalls von Christus. Was geht es mich an, ob andere auch schuldig sind? Jede Sünde eines anderen kann ich entschuldigen, nur meine eigene Sünde bleibt Schuld, die ich nie entschuldigen kann. Es ist keine krankhaft ichbezogene Verzerrung der Wirklichkeit, sondern es ist das Wesen echter Schulderkenntnis, dass sie nicht mehr rechnen und rechten kann, sondern die eigene Sünde als den Ursprung aller Sünde, mit der Bibel zu sprechen als die Sünde Adams erkennt. Es ist auch sinnlos, solche Erkenntnis durch den Hinweis darauf ad absurdum führen zu wollen, dass es unzählige Einzelne seien, von denen sich jeder in solcher Weise der Schuld am Ganzen bewusst sei. Diese vielen Einzelnen schließen sich ja zusammen in dem Gesamtich der Kirche. In ihnen und durch sie bekennt und erkennt die Kirche ihre Schuld.

Die Kirche bekennt, ihre Verkündigung von dem einen Gott, der sich in Jesus Christus für alle Zeiten offenbart hat und der keine anderen Götter neben sich leidet, nicht offen und deutlich genug ausgerichtet zu haben. Sie bekennt ihre Furchtsamkeit, ihr Abweichen, ihre gefährlichen Zugeständnisse. Sie hat ihr Wächteramt und ihr Trostamt oftmals verleugnet. Sie hat dadurch den Ausgestoßenen und Verachteten die schuldige Barmherzigkeit oftmals verweigert. Sie war stumm, wo sie hätte schreien müssen, weil das Blut der Unschuldigen zum Himmel schrie. Sie hat das rechte Wort in rechter Weise zu rechter Zeit nicht gefunden. Sie hat dem Abfall des Glaubens nicht bis aufs Blut widerstanden und hat die Gottlosigkeit der Massen verschuldet.

Die Kirche bekennt, den Namen Jesu Christi missbraucht zu haben, indem sie sich seiner vor der Welt geschämt hat und dem Missbrauch dieses Namens zu bösen Zwecken nicht kräftig genug gewehrt hat. Sie hat es mitangesehen, dass unter dem Deckmantel des Namens Christi Gewalttat und Unrecht geschah. Sie hat aber auch die offene Verhöhnung des heiligsten Namens ohne Widerspruch gelassen und ihr damit Vorschub geleistet. Sie erkennt, dass Gott den nicht ungestraft lassen wird, der so wie sie seinen Namen missbraucht.

Die Kirche bekennt sich schuldig an dem Verlust des Feiertags, an der Verödung ihrer Gottesdienste, an der Verachtung der sonntäglichen Ruhe. Sie hat sich an der Rastlosigkeit und Unruhe, aber auch an der Ausbeutung der Arbeitskraft über den Werktag hinaus schuldig gemacht, weil ihre Predigt von Jesus Christus schwach und ihr Gottesdienst matt war.

Die Kirche bekennt, an dem Zusammenbruch der elterlichen Autorität schuldig zu sein. Der Verachtung des Alters und der Vergötterung der Jugend ist die Kirche nicht entgegengetreten aus Furcht, die Jugend und damit die Zukunft zu verlieren, als wäre ihre Zukunft die Jugend! Sie hat die göttliche Würde der Eltern gegen eine revolutionierende Jugend nicht zu verkündigen gewagt und hat den sehr irdischen Versuch gemacht, „mit der Jugend zu gehen“. So ist sie schuldig an der Zerstörung unzähliger Familien, an dem Verrat der Kinder an ihren Vätern, an der Selbstvergötterung der Jugend und damit an ihrer Preisgabe an den Abfall von Christus.

Die Kirche bekennt, die willkürliche Anwendung brutaler Gewalt, das leibliche und seelische Leiden unzähliger Unschuldiger, Unterdrückung, Hass, Mord, gesehen zu haben, ohne ihre Stimme für sie zu erheben, ohne Wege gefunden zu haben, ihnen zu Hilfe zu eilen. Sie ist schuldig geworden am Leben der schwächsten und wehrlosesten Brüder Jesu Christi.

Die Kirche bekennt, kein wegweisendes und helfendes Wort gewusst zu haben zu der Auflösung aller Ordnung im Verhältnis der Geschlechter zueinander. Sie hat der Verhöhnung der Keuschheit und der Proklamation der geschlechtlichen Zügellosigkeit nichts Gültiges und Starkes entgegenzusetzen gewusst. Sie ist über eine gelegentliche moralische Entrüstung nicht hinausgekommen. Sie ist damit schuldig geworden an der Reinheit und Gesundheit der Jugend. Sie hat die Zugehörigkeit unseres Leibes zum Leib Christi nicht stark zu verkündigen gewusst.

Die Kirche bekennt, Beraubung und Ausbeutung der Armen, Bereicherung und Korruption der Starken stumm mitangesehen zu haben.

Die Kirche bekennt, schuldig geworden zu sein an den Unzähligen, deren Leben durch Verleumdung, Denunzieren, Ehrabschneidung vernichtet worden ist. Sie hat den Verleumder nicht seines Unrechtes überführt und hat so den Verleumdeten seinem Geschick überlassen.

Die Kirche bekennt, begehrt zu haben nach Sicherheit, Ruhe, Friede, Besitz, Ehre, auf die sie keinen Anspruch hatte und so die Begierden der Menschen nicht gezügelt, sondern gefördert zu haben.

Die Kirche bekennt sich schuldig aller 10 Gebote, sie bekennt darin ihren Abfall von Christus. Sie hat die Wahrheit Gottes nicht so bezeugt, dass alles Wahrheitsforschen, alle Wissenschaft ihren Ursprung in dieser Wahrheit erkannte; sie hat die Gerechtigkeit Gottes nicht so verkündigt, dass alles menschliche Recht in ihr die Quelle des eigenen Wesens sehen musste; sie hat die Fürsorge Gottes nicht so glaubhaft zu machen vermocht, dass alles menschliche Wirtschaften von ihr aus seine Aufgabe in Empfang genommen hätte. Durch ihr eigenes Verstummen ist die Kirche schuldig geworden an dem Verlust an verantwortlichem Handeln, an Tapferkeit des Einstehens und Bereitschaft für das als recht Erkannte zu leiden. Sie ist schuldig geworden an dem Abfall der Obrigkeit von Christus.

Ist das zu viel gesagt? Sollten hier einige ganz Gerechte sich erheben und beweisen wollen, dass nicht die Kirche, sondern gerade alle anderen die Schuld träfe? Wollten etwa einige Kirchenmänner dies alles als grobe Beschimpfung von sich weisen und in der Anmaßung, berufene Richter der Welt zu sein, das Maß der Schuld hier und da abwägen und zuteilen? War denn die Kirche nicht nach allen Seiten gehindert und gebunden? Stand nicht die ganze weltliche Gewalt gegen sie? Durfte denn die Kirche ihr Letztes, ihre Gottesdienste, ihr Gemeindeleben, gefährden, indem sie den Kampf mit den antichristlichen Gewalten aufnahm? So spricht der Unglaube, der im Bekenntnis der Schuld nicht die Wiedergewinnung der Gestalt Jesu Christi, der die Sünde der Welt trug, sondern nur eine gefährliche moralische Degradierung erkennt. Das freie Schuldbekenntnis ist ja nicht etwas, das man tun oder auch lassen könnte, sondern es ist der Durchbruch der Gestalt Jesu Christi in der Kirche, den die Kirche an sich geschehen lässt oder aber aufhört, Kirche Christi zu sein. Wer das Schuldbekenntnis der Kirche erstickt oder verdirbt, der wird in hoffnungsloser Weise schuldig an Christus.

Indem die Kirche die Schuld bekennt, entbindet sie die Menschen nicht vom eigenen Schuldbekenntnis, sondern sie ruft sie in die Gemeinschaft des Schuldbekenntnisses hinein. Nur als von Christus gerichtete kann die abgefallene Menschheit vor Christus bestehen. Unter dieses Gericht ruft die Kirche alle, die sie erreicht.

Die Kirche und der Einzelne werden als in ihrer Schuld Gerichtete von dem gerechtfertigt, der alle menschliche Schuld auf sich nimmt und vergibt, durch Jesus Christus. Diese Rechtfertigung der Kirche und des Einzelnen liegt darin, dass sie teilbekommen an der Gestalt Christi. Es ist die Gestalt des von Gott gerichteten und in den Tod des Sünders gegebenen und des von Gott zu neuem Leben erweckten Menschen. Es ist die Gestalt des Menschen, wie er in Wahrheit vor Gott ist. Nur als in die Schande des Kreuzes als des öffentlichen Sündertodes hineingezogene empfängt die Kirche und der Einzelne in ihr die Gemeinschaft der Herrlichkeit des zu neuer Gerechtigkeit und neuem Leben Erweckten.

Allein in der göttlichen Rechtfertigung der Kirche, die diese in das volle Schuldbekenntnis, in die Kreuzesgestalt hineinführt, liegt die Rechtfertigung des von Christus abgefallenen Abendlandes. Allein in der göttlichen Erneuerung der Kirche, die diese in die Gemeinschaft des auferstandenen und lebendigen Jesus Christus führt, liegt die Erneuerung des Abendlandes.

Oder sollten solche Worte wie Rechtfertigung und Erneuerung des Abendlandes unerlaubte Hyperbeln sein, da ja niemals das ganze Abendland durch Glauben an Jesus Christus gerechtfertigt und erneuert werden kann? Es ist allerdings zu beachten, dass von der Rechtfertigung der Kirche und Erneuerung in anderem Sinne geredet werden muss als von Rechtfertigung und Erneuerung des Abendlandes. Die Kirche wird durch ihren Glauben an Christus, das heißt durch die Beugung unter die Gestalt Christi, gerechtfertigt und erneuert. Das Abendland als geschichtliche politische Gestalt kann nur indirekt durch den Glauben der Kirche „gerechtfertigt und erneuert" werden. Die Kirche erfährt im Glauben die Vergebung aller ihrer Sünden und einen neuen Anfang durch Gnade, für die Völker gibt es nur ein Vernarben der Schuld in der Rückkehr zur Ordnung, zum Recht, zum Frieden, zum freien Ergehenlassen der kirchlichen Verkündigung von Jesus Christus. Die Völker tragen das Erbe ihrer Schuld und doch kann es durch Gottes gnädiges Regiment in der Geschichte geschehen, dass das, was im Fluch begann, den Völkern endlich zum Segen wird, dass aus angemaßter Gewalt Recht, aus Aufruhr Ordnung, aus Blutvergießen Friede wird. In dem Griff nach der Krone hat es sich oftmals erwiesen, dass Willkür und Gewalt am Anfang standen und dass dann die innere Macht der Krone selbst, die Macht der göttlichen Institution der Obrigkeit sich allmählich heilend und vernarbend auswirkte. Im Verlauf einer imperialistischen Eroberungspolitik, die sich unter Verachtung des Rechtes, unter Vergewaltigung des Schwächeren vollzog, hat es immer wieder jene allmähliche Wendung zum Recht, zum Frieden, ja zum Glück der einstmals Vergewaltigten gegeben, die eine Vernarbung der vergangenen Schuld bedeutete. Damit wird zwar die Schuld nicht gerechtfertigt, nicht aufgehoben, nicht vergeben, sie bleibt bestehen, aber die Wunde, die sie riss, ist vernarbt. Während es für die Kirche und für den einzelnen Gläubigen nur einen völligen Bruch mit der Schuld und einen Neuanfang geben kann, der durch die Vergebung der Sünde geschenkt wird, kann es im geschichtlichen Leben der Völker immer nur um den allmählichen Heilungsprozess gehen. Der Träger der Krone, der sie sich mit Unrecht erwarb, aber im Verlaufe der Zeit Recht, Ordnung, Frieden schuf, kann nicht einfach zum Verzicht auf die Krone, der Eroberer, der die unterworfenen Länder zu Frieden, Wohlstand und Glück geführt hat, nicht einfach zur Preisgabe seiner Eroberung genötigt werden. Durch den Verzicht auf die Krone, durch die Preisgabe der Eroberung könnte ja jetzt gerade umso größere Unordnung, umso größere Schuld entstehen. Die Kontinuität mit der vergangenen Schuld, die im Leben der Kirche und des Gläubigen durch Buße und Vergebung abgebrochen wird, bleibt im geschichtlichen Leben der Völker erhalten. Nur darauf kommt es an, ob die vergangene Schuld tatsächlich vernarbt ist, und an dieser Stelle gibt es dann auch innerhalb der geschichtlichen außen- und innenpolitischen Auseinandersetzung der Völker so etwas wie Vergebung, die doch nur ein schwacher Schatten der Vergebung ist, die Jesus Christus dem Glauben schenkt. Es wird hier auf die volle Sühne des geschehenen Unrechtes durch den Schuldigen Verzicht geleistet, es wird erkannt, dass das Vergangene durch keine menschliche Macht wiederhergestellt, dass das Rad der Geschichte nicht mehr zurückgedreht werden kann. Nicht alle geschlagenen Wunden können geheilt werden, aber entscheidend ist, dass nicht weitere Wunden gerissen werden. Das Vergeltungsgesetz des „Auge um Auge, Zahn um Zahn“ bleibt Gott, dem Richter der Völker, vorbehalten. In den Händen der Menschen müsste es nur neues Unheil hervorbringen. Voraussetzung für diese innergeschichtliche Vergebung bleibt, dass die Schuld vernarbt ist, indem aus Gewalt Recht, aus Willkür Ordnung, aus Krieg Frieden geworden ist. Wo das nicht der Fall ist, wo das Unrecht ungebrochen herrscht und immer neue Wunden schlägt, dort kann freilich von solcher Vergebung keine Rede sein, vielmehr muss dort die erste Sorge sein, dem Unrecht zu wehren und die Schuldigen ihrer Schuld zu überführen.

„Rechtfertigung und Erneuerung“ des Abendlandes wird es also nur so geben, dass Recht, Ordnung und Friede so oder so wiederhergestellt werden, dass dann die vergangene Schuld „vergeben“ wird, dass jede Illusion, Geschehenes durch Strafaktionen ungeschehen machen zu können, fallen gelassen wird und dass der Kirche Jesu Christi als Ursprung aller Vergebung, Rechtfertigung und Erneuerung Raum gegeben wird unter den Völkern. Wie die Schuld des Abfalls von Christus eine gemeinsame abendländische Schuld ist, so verschieden auch das Maß der Verfehlung hier oder dort sein mag, so wird es auch nur eine gemeinsame abendländische Rechtfertigung und Erneuerung geben. Jeder Versuch, unter Ausschluss eines der abendländischen Völker das Abendland zu retten, wird zum Scheitern verurteilt sein.

Die letzten und die vorletzten Dinge

Einführung

Auch in diesem Abschnitt seiner „Ethik" fragt Bonhoeffer, welche Konsequenzen sich aus der Menschwerdung Jesu Christi für das Verhältnis der Christen zur Welt ergeben. Lässt sich von Jesus Christus her so etwas wie ein „christliches Weltverhältnis" entwickeln? Berühmt geworden ist Bonhoeffers Unterscheidung von letzten und vorletzten Dingen. Das Letzte bleibt für ihn – gut reformatorisch – qualitativ und zeitlich die Botschaft von der Rechtfertigung des Menschen allein aus Gnaden, wobei diese Rechtfertigung für den einzelnen Menschen unwirksam bleibt, wenn er sie sich nicht durch den Glauben zu eigen macht. Wenn feststeht, dass das Evangelium die schlechthin entscheidende Botschaft für das Leben des Menschen und der Welt ist, ergibt sich daraus unweigerlich die Frage, welchen Stellenwert dann noch das Vorletzte, das geschöpfliche Leben, für einen Christen besitzt.

Die Lösung des „Radikalismus", nach der das Letzte in ausschließlichem Gegensatz zum Vorletzten steht und das Vorletzte angesichts des Letzten wertlos wird, verwirft Bonhoeffer, da sie den Schöpfer leugnet und die Verantwortung des Christen für die bestehende Schöpfung verneint. Ebenso scheidet für ihn der „Kompromiss" aus, nach dem Letztes und Vorletztes „vermischt" werden. Das Vorletzte behält angesichts dieser Verhältnisbestimmung zwar sein Recht. Es wird jedoch durch das Letzte nicht tangiert. Vielmehr wird das Letzte als für das alltägliche Leben letztlich nicht bedeutsam aus der Diskussion ausgeschieden. Das ist die Lösung des klassischen Theismus: Nur die letzten Dinge, wie z. B. die Sinnfragen des Menschen, sind der Kirche zur Verwaltung übertragen.

Weder durch Radikalismus noch durch Kompromiss, sondern nur von Jesus Christus, d. h. von seiner Menschwerdung her, ist für Bonhoeffer eine sachgemäße Bestimmung für das Verhältnis von Letztem und Vorletztem möglich. Allein in der Menschwerdung Jesu Christi erkennen wir nämlich „die Liebe Gottes zu seiner Kreatur, in der Kreuzigung das Gericht Gottes über alles Fleisch und in der Auferstehung den Willen Gottes zu einer neuen Welt" (95/148f.). *Das Vorletzte darf daher weder verachtet noch vergötzt werden. Vielmehr ist es in Form der „Wegbereitung" für das Letzte in Dienst zu nehmen.*

Bonhoeffer geht es in diesen Überlegungen darum, das Menschliche und Gute im irdischen Leben für Jesus Christus in Anspruch zu nehmen. An der Menschwerdung Jesu Christi wird sichtbar, dass Gott das Menschliche und Gute in der Welt nicht aufgibt, sondern buchstäblich angenommen hat. „Was an Menschlichem und Gutem in der gefallenen Welt gefunden wird, es gehört auf die Seite Jesu Christi" (107/161f.). *Dahinter steht Bonhoeffers Erfahrung im Widerstand gegen Hitler, dass humanistisch geprägte Mitverschwörer durch ihren Einsatz für Recht und Gerechtigkeit das Christentum als Ursprung dieser Werte wiederentdeckten mit der Konsequenz, dass eine Reihe von ihnen sich bewusst dem christlichen Glauben zuwandte.*

Ursprung und Wesen alles christlichen Lebens liegen beschlossen in dem einen Geschehen, das die Reformation Rechtfertigung des Sünders aus Gnaden allein genannt hat. Nicht was der Mensch an sich ist, sondern was der Mensch in diesem Geschehnis ist, gibt uns Aufschluss über das christliche Leben. Hier ist die Länge und die Breite des menschlichen Lebens in einem Augenblick, in einem Punkt zusammengefasst, die Ganzheit des Lebens ist in diesem Ereignis umschlossen. Was geschieht hier? Ein Letztes, von keinem menschlichen Sein, Tun oder Leiden zu Ergreifendes. Der finstere, von innen und außen verriegelte, immer tiefer in Abgrund und Ausweglosigkeit sich verlierende Schacht des menschlichen Lebens wird mit Macht aufgerissen, das Wort Gottes bricht herein; der Mensch erkennt zum ersten Mal in rettendem Licht Gott und den Nächsten. Das Labyrinth seines bisherigen Lebens stürzt zusammen. Der Mensch ist frei für Gott und den Bruder. Er wird inne, dass ein Gott ist, der ihn liebt und annimmt, dass ein Bruder neben ihm steht, den Gott liebt wie ihn selbst, dass eine Zukunft ist bei dem dreieinigen Gott mit seiner Gemeinde. Er glaubt, er liebt, er hofft. Vergangenheit und Zukunft des ganzen Lebens fließen in der Gegenwart Gottes in eins zusammen. Die ganze Vergangenheit ist umschlossen von dem Wort Vergebung, die ganze Zukunft ist aufgehoben in der Treue Gottes. Die vergangene Sünde ist in den Abgrund der Liebe Gottes in Jesus Christus gesenkt und überwunden, die Zukunft – wird ohne Sünde ein Leben aus Gott sein (1Joh 3,9). Das Leben erkennt sich ausgespannt und gehalten von einem Grund der Ewigkeit zum andern, von der Erwählung vor der Zeit der Welt bis zum ewigen Heil, es erkennt sich als Glied einer Gemeinde und einer Schöpfung, die das Lob des dreieinigen Gottes singt. Dies alles geschieht, wenn Christus zu dem Menschen tritt. In Christus ist dieses alles Wahrheit und Wirklichkeit, und eben weil es kein Traum ist, darum ist das Leben des Menschen, dem die Gegenwart Christi widerfährt, von nun an nicht mehr ein verlorenes, sondern ein gerechtfertigtes Leben geworden. Gerechtfertigt aus Gnade allein.

Aber nicht nur aus Gnade allein, sondern auch aus Glauben

allein. So lehren die Schrift und die Reformation. Nicht Liebe oder Hoffnung, nur der Glaube rechtfertigt ein Leben. Der Glaube allein nämlich gründet das Leben auf einen neuen Grund und dieser neue Grund allein rechtfertigt es, dass ich vor Gott leben kann. Der Grund aber ist das Leben, Sterben und Auferstehen des Herrn Jesus Christus. Ohne diesen Grund ist ein Leben vor Gott ungerechtfertigt. Es ist dem Tod und der Verdammnis preisgegeben. Auf Leben, Sterben und Auferstehen Jesu Christi hin leben, ist Rechtfertigung meines Lebens vor Gott. Glauben aber heißt diesen Grund finden, halten, in ihm Anker werfen und so von ihm gehalten werden. Glauben heißt Begründung des Lebens auf einen Grund außerhalb meiner selbst, auf einen ewigen und heiligen Grund, auf Christus. Glauben heißt gefangen sein von dem Blick Jesu Christi, nichts mehr sehen als ihn, herausgerissen sein aus der Gefangenschaft im eigenen Ich, befreit sein durch Jesus Christus. Glauben ist ein Geschehenlassen und erst in ihm ein Tun, und doch reichen beide Worte nicht hin, um das hier enthaltene Geheimnis auszusprechen. Glaube allein ist Gewissheit, alles außerhalb des Glaubens ist dem Zweifel unterworfen. Jesus Christus allein ist die Gewissheit des Glaubens. Dass mein Leben gerechtfertigt ist, das glaube ich dem Herrn Jesus Christus. So gibt es keinen anderen Zugang zur Rechtfertigung meines Lebens als den Glauben allein.

Aber niemals ist der Glaube allein, sondern so gewiss er die wahrhaftige Gegenwart Christi ist, so ist bei ihm auch Liebe und Hoffnung. Es wäre ein falscher Glaube, ein Scheinglaube, ein heuchlerischer selbst erfundener Glaube, der niemals rechtfertigt, wenn Liebe und Hoffnung nicht bei ihm wäre. Es wäre eine angelernte Wiederholung von Glaubenssätzen, toter Glaube, der nicht die Werke der Buße und der Liebe bei sich hätte. Keinen Augenblick kann Glaube und böser Vorsatz nebeneinander bestehen. Es wird dem Menschen in dem Geschehen der Rechtfertigung alles geschenkt, aber nur der Glaube rechtfertigt, es wird dem Menschen in der Begegnung mit Christus alles, was Christus ist und hat, zu eigen gemacht, aber gerechtfertigt ist mein Leben allein durch das, was Christus zu eigen ist, niemals durch das, was mir zu eigen wurde. So zerreißt der Himmel über dem Menschen und die frohe Botschaft vom Heil Gottes in Jesus Christus dringt als Freudengeschrei vom Himmel zur Erde und der Mensch glaubt, und indem er glaubt, hat er Christus bei sich empfangen, hat er alles. Er lebt vor Gott.

Niemals wusste er vorher, was Leben sei. Er verstand sich selbst nicht. Nur aus seinen Möglichkeiten oder aus seinen Werken konnte er versuchen, sich zu verstehen und sein Leben zu rechtfertigen. So rechtfertigt er sich vor sich selbst und vor seinem selbst erdachten Gott. Unzugänglich aber mussten ihm die Möglichkeiten und Werke des lebendigen Gottes sein, unbegreiflich ein Leben aus dessen Möglichkeiten und Werken. Ein Leben auf fremdem Grund, aus fremder Kraft, aus fremder Hilfe, das musste ihm fremd bleiben. Dieses Leben fand er, als Christus ihn in seiner Weise rechtfertigte. Er verlor sein eigenes Leben an Christus, nun wurde Christus sein Leben. „Nun aber lebe nicht ich, sondern Christus lebt in mir“ (Gal 2,20). Christliches Leben ist Christusleben.

Wir sagten anfangs, das Geschehen der Rechtfertigung eines Sünders sei ein Letztes. Das war im strengen Sinne gemeint. Gottes Barmherzigkeit mit einem Sünder will und kann nur als Gottes letztes Wort gehört werden, oder es wird gar nicht gehört. Die Letztlichkeit dieses Wortes enthält einen doppelten Sinn: Es ist ein *qualitativ,* also seinem Inhalt nach letztes Wort. Es gibt kein Wort Gottes, das über seine Gnade hinausgeht. Mehr als ein vor Gott gerechtfertigtes Leben gibt es nicht. Weil es den vollständigen Abbruch alles Bisherigen, Vorletzten enthält, derart dass es niemals das natürliche oder notwendige Ende des bereits begangenen Weges, sondern vielmehr seine völlige Verurteilung und Entwertung ist, weil es also Gottes freies, durch nichts erzwungenes, eigenes Wort ist, darum ist es unumkehrbar letztes Wort, letzte Wirklichkeit. Es schließt also jede Methode aus, es auf dem eigenen Wege zu erreichen. Es gibt keine lutherische und keine paulinische Methode, zu dem letzten Wort zu gelangen. Weder der Weg des Paulus, also der Gesetzesruhm und die aus ihm folgende Christusfeindschaft, noch der Weg Luthers, also das Kloster und das Scheitern am Gesetz in der Verzweiflung, wurde durch das letzte Wort gerechtfertigt, sondern ganz im Gegenteil, beide Wege verfielen der letzten Verurteilung, und es war der Sünder Paulus und der Sünder Luther, nicht aber ihre Sünde, die aus Gottes Gnade um Christi willen gerechtfertigt wurden. Das letzte Wort war zugleich das Gericht über die vorletzten Wege und Dinge. Das qualitativ letzte Wort Gottes verbietet uns also von vornherein den Blick auf den Weg Luthers, auf den Weg des Paulus, als hätten wir ihn noch einmal zu gehen. Es sind ja verurteilte Wege. Streng gesagt, soll der Weg Luthers ebenso wenig von uns wiederholt werden wie der Weg der Ehebrecherin, des Schächers am Kreuz, des verleugnenden Petrus und des gegen Christus eifernden Paulus. Das qualitativ letzte Wort schließt ein für alle Mal jede Methode aus. Es ist ja das vergebende und nur durch Vergebung rechtfertigende Wort. Es hat also nicht Sinn noch Recht – was man heute nicht selten hören kann – einer heutigen christlichen Gemeinde zu predigen, ein jeder müsse erst werden wie Maria Magdalena, wie der arme Lazarus, wie der Schächer am Kreuz, er müsse werden wie diese biblischen „Randgestalten", ehe er das letzte Wort Gottes zu hören vermöchte. So sehr man auf diese Weise den Charakter der Letztlichkeit des Wortes Gottes unterstreichen möchte, so sehr untergräbt man ihn in Wirklichkeit. Der Inhalt der christlichen Botschaft ist nicht, zu werden wie eine jener biblischen Gestalten, sondern zu sein – wie Christus selbst.

Dazu aber führt keine Methode, sondern der Glaube allein. Anders verlöre das Evangelium seinen Preis, seinen Wert. Die teure Gnade würde billig.

Das rechtfertigende Wort Gottes ist aber auch *zeitlich* letztes Wort. Es geht ihm immer etwas Vorletztes voraus, ein Tun, Leiden, Gehen, Wollen, Unterliegen, Aufstehen, Bitten, Hoffen, also ganz ernstlich eine Spanne Zeit, an deren Ende es steht. Gerechtfertigt kann nur werden, was bereits in der Zeit unter eine Anklage geraten ist. Es setzt ein Schuldigwerden des Geschöpfes voraus. Es ist nicht allezeit Gnadenzeit, sondern jetzt, gerade jetzt und endgültig jetzt ist der „Tag des Heils“ (2Kor 6,2). Gnadenzeit ist letzte Zeit in dem Sinne, dass es niemals möglich ist, über das mich jetzt treffende Wort Gottes hinaus mit einem weiteren, künftigen Wort zu rechnen. Es gibt eine Zeit des Zulassens, Wartens, Vorbereitens Gottes und es gibt eine letzte Zeit, die das Vorletzte richtet und abbricht. Luther musste durch das Kloster, Paulus musste durch die Gesetzesfrömmigkeit, ja der Schächer „musste“ durch Schuld ans Kreuz, um das letzte Wort zu hören. Es musste ein Weg gegangen sein, es musste die ganze Länge des Weges der vorletzten Dinge durchschritten sein, es musste ein jeder unter der Last dieser Dinge auf die Knie sinken – und doch war dann das letzte Wort nicht die Krönung, sondern der vollständige Abbruch des Vorletzten. Angesichts des letzten Wortes standen Luther und Paulus nicht anders da als der Schächer am Kreuz. Es muss also ein Weg beschritten werden, obwohl es doch keinen Weg zu diesem Ziel gibt, und dieser Weg muss bis zu Ende gegangen werden, das heißt bis dorthin, wo Gott ihm sein Ende setzt. Das Vorletzte bleibt also bestehen, obwohl es durch das Letzte gänzlich aufgehoben und außer Kraft gesetzt wird.

Nie tritt das Wort der rechtfertigenden Gnade Gottes aus seiner Stellung als letztes Wort heraus, nie gibt es sich einfach als errungenes Ergebnis, das nun ebenso gut an den Anfang wie ans Ende gestellt werden könnte, nie ist der Weg vom Vorletzten zum Letzten aufzuheben. Das Wort bleibt unumkehrbar das Letzte, es würde sonst zum Berechenbaren, zur Ware herabgewürdigt und damit seines göttlichen Wesens beraubt. Die Gnade würde billig. Sie wäre kein Geschenk.

Weil aber die Rechtfertigung aus Gnaden und Glauben allein in jeder Hinsicht letztes Wort bleibt, darum muss nun auch von den vorletzten Dingen gesprochen werden, nicht so, als hätten sie irgendeinen eigenen Wert, aber so, dass ihre Beziehung auf das Letzte sichtbar wird. Um des Letzten willen muss vom Vorletzten die Rede sein. Das muss nun verständlich gemacht werden.

Es sei hier die Frage gestellt, ohne sie schon zu beantworten, ob der Mensch allein aus dem Letzten leben kann, ob der Glaube sozusagen zeitlich ausgedehnt werden kann oder ob er nicht immer nur als das Letzte einer Zeitspanne, vieler Zeitspannen im Leben wirklich wird. Wir sprechen hier nicht von der Erinnerung an vergangenen Glauben oder von der Wiederholung von Glaubenssätzen, sondern von dem lebendigen Glauben, der ein Leben rechtfertigt. Wir fragen, ob dieser Glaube täglich, stündlich realisierbar ist und sein soll oder ob auch hier immer wieder die Länge des Vorletzten durchschritten werden muss um des Letzten willen. *Wir fragen also nach dem Vorletzten im Leben des Christen,* ob es ein frommer Selbstbetrug sei, dieses zu leugnen, oder ob es eine Schuld sei, es in seiner Weise ernstzunehmen. Wir fragen damit auch, ob das Wort, das Evangelium, in die Zeit hinein ausgedehnt werden kann, ob es also jederzeit in gleicher Weise gesagt werden darf, oder ob auch hier sich Letztes von Vorletztem unterscheidet. Um es ganz deutlich werden zu lassen: Warum entscheide ich mich gerade in ganz ernsten Situationen, etwa angesichts eines durch einen Todesfall schwer Betroffenen, oftmals für ein „vorletztes" Verhalten, also etwa zu einer durch Schweigen bekundeten

Gemeinschaft der Hilflosigkeit gegenüber so hartem Geschehen, statt die mir an sich bekannten und zur Verfügung stehenden Worte des biblischen Trostes auszusprechen, auch gerade Christen gegenüber? Warum verschließt sich mir oftmals der Mund, der das Letzte zum Ausdruck bringen sollte, und entschließe ich mich zu einer durchaus vorletzten menschlichen Solidarität? Ist es Misstrauen gegen die Macht des letzten Wortes, ist es Menschenfurcht oder liegt die sachliche Berechtigung solchen Verhaltens darin, dass das Wissen und zur Verfügunghaben des Wortes, also sozusagen das geistliche Beherrschen der Situation nur den Schein des Letzten trägt, in Wirklichkeit aber selbst etwas ganz Vorletztes ist? Ist das bewusste Bleiben im Vorletzten nicht hier und da vielleicht der echtere Hinweis auf das Letzte, das Gott zu seiner Zeit selbst (freilich auch nur durch Menschenmund) sagt? Wird also nicht gerade um des Letzten willen das Vorletzte immer wieder einmal geboten sein und nicht mit belastetem, sondern mit gutem Gewissen getan werden müssen? In diese Frage ist aber freilich nicht nur ein Einzelfall, sondern im Grunde der ganze Bereich christlichen Zusammenlebens und insbesondere der ganze Umfang der christlichen Seelsorge eingeschlossen. Das über jenen Einzelfall Gesagte gilt ungezählte Male für das tägliche Zusammenleben von Christen und für den Umgang des christlichen Verkündigers mit seiner Gemeinde.

Das Verhältnis von Vorletztem und Letztem im christlichen Leben kann in zwei extremen Formen gelöst werden, „radikal“ und als Kompromiss, wobei gleich zu bemerken ist, dass auch die Kompromisslösung eine extreme Lösung ist.

Die radikale Lösung sieht nur das Letzte, und in ihm nur den völligen Abbruch des Vorletzten. Letztes und Vorletztes stehen in ausschließlichem Gegensatz. Christus ist der Zerstörer und Feind alles Vorletzten und alles Vorletzte ist

Feindschaft gegen Christus. Christus, das ist das Zeichen, dass die Welt reif ist, dem Feuer überantwortet zu werden. Hier gibt es keine Unterscheidungen, es muss alles ins Gericht; es gibt nur noch eine Scheidung: für Christus oder gegen ihn. „Wer nicht mit mir ist, der ist wider mich." Alles Vorletzte im menschlichen Verhalten ist Sünde und Verleugnung. Angesichts des kommenden Endes gibt es für den Christen nur noch letztes Wort und letztes Verhalten. Was dadurch aus der Welt wird, fällt nicht mehr ins Gewicht; der Christ trägt keine Verantwortung dafür und die Welt muss doch verbrennen. Mag unter dem Wort Christi alle Ordnung der Welt zerbrechen, es gilt hier alles oder nichts. Aus dem letzten Wort Gottes, das ein Gnadenwort ist, wird hier die eisige Härte des allen Widerstand zerbrechenden und verachtenden Gesetzes (vgl. die Gestalt des Brand bei Ibsen).

Die andere Lösung ist der Kompromiss. Hier wird das letzte Wort von allem Vorletzten prinzipiell getrennt. Das Vorletzte behält sein Recht in sich, wird aber von dem Letzten nicht bedroht oder gefährdet. Noch steht die Welt, noch ist das Ende nicht da, noch müssen vorletzte Dinge getan werden in der Verantwortung für diese Welt, die Gott schuf. Noch muss mit den Menschen gerechnet werden, wie sie sind. (Der Großinquisitor bei Dostojewski.) Das Letzte bleibt gänzlich jenseits des Täglichen und dient schließlich als ewige Rechtfertigung für alles Bestehende, als die metaphysische Reinigung von der Anklage, die auf allem Bestehenden lastet. Aus dem freien Gnadenwort wird das Gnadengesetz, das über allem Vorletzten es rechtfertigend und bewahrend waltet.

Beide Lösungen sind in gleicher Weise extrem und enthalten in gleicher Weise Wahres und Falsches. Sie sind extrem, weil sie Vorletztes und Letztes in ausschließenden Gegensatz zueinander stellen, das eine Mal, indem Vorletztes durch das Letzte zerstört, das andere Mal, indem das Letzte aus dem

Bereich des Vorletzten ausgeschlossen wird; das eine Mal verträgt das Letzte nicht das Vorletzte, das andere Mal verträgt das Vorletzte nicht das Letzte. Beides sind unerlaubte Verabsolutierungen an sich gleich richtiger und notwendiger Gedanken. Die radikale Lösung denkt vom Ende aller Dinge, von Gott dem Richter und Erlöser her, die Kompromisslösung denkt von dem Schöpfer und Erhalter her; die einen setzen das Ende absolut, die anderen das Bestehende. So gerät Schöpfung und Erlösung, Zeit und Ewigkeit in einen unlösbaren Widerstreit, und so wird die Einheit Gottes selbst aufgelöst, der Glaube an Gott zerbricht.

Den Vertretern der radikalen Lösung ist zu sagen, dass Christus nicht radikal in ihrem Sinne ist; den Anhängern der Kompromisslösung aber muss ebenso gesagt werden, dass Christus keine Kompromisse macht; dementsprechend ist christliches Leben weder eine Sache des Radikalismus noch des Kompromisses. Der Streit um den größeren Ernst der einen oder der anderen Auffassung ist belanglos vor dem alleinigen Ernst Jesu Christi, der die Unernsthaftigkeit beider Lösungen aufdeckt. Weder die Idee eines reinen Christentums an sich noch die Idee des Menschen, wie er an sich ist, ist ernst; ernst ist allein die Wirklichkeit Gottes und die Wirklichkeit des Menschen, die in Jesus Christus eins geworden ist. Nicht irgendein Christentum, sondern Jesus Christus selbst ist ernst; in Jesus Christus aber tritt an die Stelle des Radikalismus und des Kompromisses die Wirklichkeit Gottes und des Menschen. Es gibt kein Christentum an sich, es müsste die Welt zerstören; es gibt keinen Menschen an sich, er müsste Gott ausschließen. Beides sind Ideen; es gibt nur den Gott-Menschen Jesus Christus, der wirklich ist, und durch den die Welt so lange erhalten wird, bis sie reif ist für ihr Ende.

Radikalismus entspringt immer einem bewussten oder unbewussten Hass gegen das Bestehende. Christlicher

Radikalismus, weltflüchtiger oder weltverbessernder, kommt aus dem Hass gegen die Schöpfung. Der Radikale kann Gott seine Schöpfung nicht verzeihen. Es ist der mit der geschaffenen Welt zerfallene Iwan Karamasoff, der zugleich die Gestalt des radikalen Jesus in der Legende des Großinquisitors schafft. Wenn das Böse in der Welt mächtig wird, dann spritzt es zugleich dem Christen das Gift des Radikalismus ein. Das Ausgesöhntsein mit der Welt, wie sie ist, das dem Christen durch Christus geschenkt ist, gilt dann als Verrat und Verleugnung Christi. An seine Stelle treten Bitterkeit, Argwohn, Verachtung gegen Menschen und Welt. Aus der Liebe, die alles glaubt, alles trägt, alles hofft, aus der Liebe, die die Welt gerade in ihrem Bösen mit der Liebe Gottes liebt (Joh 3,16), wird die pharisäische Verweigerung der Liebe zu den Bösen in ihrer Beschränkung auf den geschlossenen Kreis der Frommen. Aus der offenen Kirche Jesu Christi, die der Welt dient bis zuletzt, wird irgendein angeblich urchristliches Gemeindeideal, das wiederum die Wirklichkeit des lebendigen Jesus Christus mit der Verwirklichung einer christlichen Idee verwechselt. So gelingt es einer böse gewordenen Welt, auch die Christen böse werden zu lassen. Es ist derselbe Krankheitskeim, der die Welt auflöst und der die Christen radikal werden lässt. Es ist beide Male der Hass gegen die Welt, ob es nun der Hass des Gottlosen oder des Frommen ist. Es ist Verweigerung des Schöpfungsglaubens auf beiden Seiten. Mit Beelzebul aber treibt man keine Teufel aus.

Der Kompromiss entspringt immer dem Hass gegen das Letzte. Christlicher Kompromissgeist kommt aus diesem Hass gegen die Rechtfertigung des Sünders aus Gnaden allein. Die Welt und das Leben in ihr muss vor diesem Einbruch in ihren Bereich geschützt werden. Man muss mit der Welt durch Mittel der Welt allein fertigwerden. Das Letzte hat in der Gestaltung des Lebens in der Welt nicht mitzusprechen. Schon die Frage nach dem Letzten, der Versuch, das Wort Gottes in seiner Autorität für das Leben in der Welt geltend zu machen, gilt nun als Radikalismus, als Lieblosigkeit gegen die gegebenen Ordnungen der Welt und die an sie gebundenen Menschen. Die von Christus dem Christen geschenkte Freiheit von der Welt und die Absage an sie (1Joh 2,17) wird als unnatürliche schöpfungswidrige Welt- und Menschenfremdheit oder gar -feindschaft bezichtigt. Stattdessen wird Anpassung bis zur Resignation oder zur schalen Weltklugheit als echte Weltoffenheit und Liebe des Christen ausgegeben.

Der Radikalismus hasst die Zeit, der Kompromiss hasst die Ewigkeit;

der Radikalismus hasst die Geduld, der Kompromiss hasst die Entscheidung;

der Radikalismus hasst die Klugheit, der Kompromiss hasst die Einfalt;

der Radikalismus hasst das Maß, der Kompromiss hasst das Unermessliche;

der Radikalismus hasst das Wirkliche, der Kompromiss hasst das Wort.

Es wird aus dieser Gegenüberstellung deutlich genug, dass beide Haltungen in gleicher Weise christuswidrig sind; denn was sich hier gegeneinander in Feindschaft aufrichtet, ist in Jesus Christus eins. Die Frage nach dem christlichen Leben wird also weder vom Radikalismus noch vom Kompromiss, sondern von Jesus Christus selbst entschieden und beantwortet. Nur in ihm löst sich das Verhältnis von Letztem und Vorletztem.

In Jesus Christus glauben wir den menschgewordenen, gekreuzigten und auferstandenen Gott. In der Menschwerdung erkennen wir die Liebe Gottes zu seiner Kreatur, in der Kreuzigung das Gericht Gottes über alles Fleisch, in der Auferstehung den Willen Gottes zu einer neuen Welt. Nichts wäre nun verkehrter, als diese drei Stücke auseinanderzureißen;

denn in jedem von ihnen ist das Ganze enthalten. So unsachgemäß es ist, eine Theologie der Menschwerdung, eine Theologie des Kreuzes oder eine Theologie der Auferstehung gegeneinander aufzurichten durch falsche Absolutsetzung eines dieser Teile, so falsch ist dieses Vorgehen auch für das Denken über das christliche Leben. Eine allein auf der Menschwerdung aufgebaute christliche Ethik würde leicht zu der Kompromisslösung führen, eine allein auf Kreuz oder Auferstehung Jesu Christi aufgebaute Ethik würde dem Radikalismus und der Schwärmerei verfallen. Nur in der Einheit löst sich der Widerstreit.

Jesus Christus, der Mensch, das bedeutet, dass Gott in die geschaffene Wirklichkeit eingeht, dass wir vor Gott Menschen sein dürfen und sollen. Die Zerstörung des Menschseins ist Sünde und wird so zum Hindernis für Gott, den Menschen zu erlösen. Dennoch bedeutet das Menschsein Jesu Christi nicht einfach die Bestätigung der bestehenden Welt und des menschlichen Wesens. Jesus war Mensch „ohne Sünde“ (Hebr 4,15); das ist das Entscheidende. Unter den Menschen aber lebte Jesus in tiefster Armut, ehelos und starb als Verbrecher. So enthält das Menschsein Jesu schon eine doppelte Verurteilung des Menschen, die absolute Verurteilung der Sünde und die relative Verurteilung der bestehenden menschlichen Ordnungen. Unter Einschluss dieser Verurteilung aber ist Jesus wirklich Mensch und will, dass wir Menschen seien. Er lässt die menschliche Wirklichkeit, ohne sie zu verselbständigen und ohne sie zu zerstören, als Vorletztes bestehen, als Vorletztes, das in seiner Weise ernst genommen und nicht ernst genommen werden will, als Vorletztes, das zur Hülle des Letzten geworden ist.

Jesus Christus, der Gekreuzigte, das bedeutet, dass Gott der gefallenen Schöpfung ihr endgültiges Urteil spricht. In der Verwerfung Gottes am Kreuz Jesu Christi ist die Verwerfung des Menschengeschlechts ohne Ausnahme eingeschlossen.

Das Kreuz Jesu ist das Todesurteil über die Welt. Hier kann sich der Mensch nicht seines Menschseins und die Welt nicht ihrer göttlichen Ordnungen rühmen. Hier ist die Menschenherrlichkeit im Bilde des zerschlagenen, blutenden, bespeiten Angesichts des Gekreuzigten zu ihrem letzten Ende gekommen. Dennoch bedeutet die Kreuzigung Jesu nicht einfach Vernichtung der Schöpfung; sondern unter diesem Todeszeichen des Kreuzes sollen nun die Menschen weiterleben, sich zum Gericht, wenn sie es verachten, sich zum Heil aber, wenn sie es gelten lassen. Das Letzte ist im Kreuz wirklich geworden als das Gericht über alles Vorletzte, zugleich aber als Gnade für das Vorletzte, das sich dem Gericht des Letzten beugt.

Jesus Christus, der Auferstandene, das bedeutet, dass Gott aus Liebe und Allmacht dem Tod ein Ende macht und eine neue Schöpfung ins Leben ruft, neues Leben schenkt. „Das Alte ist vergangen." „Siehe, ich mache alles neu." Auferstehung ist schon mitten in der alten Welt angebrochen als letztes Zeichen ihres Endes und ihrer Zukunft, und zugleich als lebendige Wirklichkeit. Jesus ist als Mensch auferstanden, so hat er dem Menschen die Auferstehung geschenkt. So bleibt der Mensch Mensch, obwohl er ein neuer auferstandener, dem alten in keiner Weise gleicher, Mensch ist. Aber freilich, bis zur Grenze seines Todes bleibt er, der mit Christus schon auferstanden ist, in der Welt des Vorletzten, in die Jesus einging und in der das Kreuz steht. So hebt auch die Auferstehung, solange die Erde steht, das Vorletzte nicht auf, aber das ewige Leben, das neue Leben, bricht immer mächtiger in das irdische Leben ein und schafft sich in ihm seinen Raum.

Menschwerdung, Kreuz und Auferstehung mögen in ihrer Einheit und in ihrer Unterschiedenheit deutlich geworden sein. Christliches Leben ist Leben mit dem menschgewordenen, gekreuzigten und auferstandenen Jesus Christus, dessen Wort als Ganzes uns in der Botschaft von der Rechtfertigung des Sünders aus Gnaden begegnet. Christliches Leben heißt Menschsein in der Kraft der Menschwerdung, heißt gerichtet und begnadigt sein in der Kraft des Kreuzes, heißt ein neues Leben leben in der Kraft der Auferstehung. Eines ist nicht ohne das andere.

Für die Frage nach dem Verhältnis zu dem Vorletzten ergibt sich aus dem Bisherigen, dass das christliche Leben weder eine Zerstörung noch eine Sanktionierung des Vorletzten bedeutet, sodass in Christus die Wirklichkeit Gottes der Wirklichkeit der Welt begegnet und uns an dieser wirklichen Begegnung teilnehmen lässt. Es ist eine Begegnung jenseits jedes Radikalismus und jedes Kompromisses. Christliches Leben ist Teilnahme an der Christusbegegnung mit der Welt.

Da es deutlich geworden ist, dass vom Letzten her ein gewisser Raum für das Vorletzte offengehalten wird, so werden wir dieses Vorletzte nun genauer ins Auge fassen können.

Was ist dieses Vorletzte? Es ist all das, was dem Letzten – also der Rechtfertigung des Sünders aus Gnaden allein – vorangeht und von dem gefundenen Letzten her als Vorletztes angesprochen wird. Es ist zugleich all das, was dem Letzten folgt, um wiederum dem Letzten voranzugehen. Es gibt also kein Vorletztes an sich, so also, dass sich irgendetwas an sich als Vorletztes rechtfertigen könnte, sondern zum Vorletzten wird etwas erst durch das Letzte, das heißt in dem Augenblick, in dem es bereits außer Kraft gesetzt worden ist. Das Vorletzte ist also nicht Bedingung des Letzten, sondern das Letzte bedingt das Vorletzte. Das Vorletzte ist also nicht ein Zustand an sich, sondern ein Urteil des Letzten über das ihm Vorangegangene. Es ist daher nicht etwas Gegenwärtiges, sondern immer schon etwas Vergangenes. Konkret wird von der Rechtfertigung des Sünders aus Gnaden her ein Zweifaches als Vorletztes angesprochen: *das Menschsein und das Gutsein.* Es wäre nun falsch und ein Raub am Letzten, zum Beispiel das Menschsein als Bedingung der Rechtfertigung aus Gnaden zu bezeichnen. Vielmehr wird erst vom Letzten her erkennbar, was Menschsein ist und somit das Menschsein durch das Gerechtfertigtwerden bedingt und begründet. Dennoch verhält es sich so, dass das Menschsein dem Gerechtfertigtwerden vorangeht, und dass es vom Letzten her gesehen ihm vorangehen muss. Es wird also durch das Vorletzte nicht die Freiheit des Letzten aufgehoben, sondern durch die Freiheit des Letzten wird das Vorletzte in Kraft gesetzt. So darf nun – mit allen notwendigen Vorbehalten – zum Beispiel das Menschsein als Vorletztes für die Rechtfertigung aus Gnaden angesprochen werden. Nur der Mensch kann gerechtfertigt werden, eben weil nur der Gerechtfertigte zum „Menschen" wird.

Daraus folgt nun etwas entscheidend Wichtiges: Das Vorletzte muss um des Letzten willen gewahrt bleiben. Eine willkürliche Zerstörung des Vorletzten tut dem Letzten ernstlich Eintrag. Wo also zum Beispiel ein menschliches Leben der Bedingungen, die zum Menschsein gehören, beraubt wird, dort wird die Rechtfertigung eines solchen Lebens durch Gnade und Glauben wenn auch nicht unmöglich gemacht, so doch ernstlich gehindert. Konkret: Der Sklave, dem die Verfügung über seine Zeit so weit genommen ist, dass er die Verkündigung des Wortes Gottes nicht mehr hören kann, kann durch dieses Wort Gottes jedenfalls nicht zum rechtfertigenden Glauben geführt werden. Aus dieser Tatsache ergibt sich die Notwendigkeit, mit der Verkündigung des letzten Wortes Gottes, der Rechtfertigung des Sünders aus Gnaden allein, auch für das Vorletzte Sorge zu tragen, in dem Sinne, dass nicht das Letzte durch Zerstörung des Vorletzten verhindert werde. Der Verkündiger des Wortes, der nicht zugleich alles dafür tut, dass dieses Wort auch gehört werden kann, wird dem Anspruch des Wortes auf freien Lauf, auf ebene Bahn nicht gerecht. Es muss dem Wort der Weg bereitet werden. Das verlangt das Wort selbst.

Wegbereitung für das Wort, darum geht es in allem über die vorletzten Dinge Gesagten. „Bereitet den Weg des Herrn und machet seine Steige richtig! Alle Täler sollen voll werden und alle Berge und Hügel sollen erniedrigt werden; und was krumm ist, soll richtig werden und was uneben ist, soll schlichter Weg werden, und alles Fleisch wird den Heiland Gottes sehen“ (Lk 3,4 ff.). Zwar bahnt sich Christus, wenn er kommt, seinen eigenen Weg, er ist der „Durchbrecher aller Bande“ (Micha 2,13), „er zerbricht eherne Türen und zerschlägt eiserne Riegel“ (Ps 107, 16), er „stößt die Gewaltigen vom Stuhl und erhebt die Niedrigen“ (Lk 1,52). Sein Einzug ist ein Siegeszug über seine Feinde. Damit aber die Gewalt seines Kommens die Menschen nicht im Zorne niederschlage, sondern sie als die demütig Wartenden treffe, darum geht dem Einzug der Ruf zur Wegbereitung voran. Diese Wegbereitung aber ist nicht nur ein innerliches Geschehen, sondern ein gestaltendes Handeln in sichtbar größtem Ausmaß. „Die Täler sollen erhöht werden. “ Was in die Tiefe menschlichen Elends gestoßen ist, das Erniedrigte und Gedemütigte, soll aufgerichtet werden. Es gibt eine Tiefe der menschlichen Unfreiheit, der menschlichen Armut, der menschlichen Unwissenheit, die das gnädige Kommen Christi hindert. „Die Berge und Hügel sollen erniedrigt werden.“ Wenn Christus kommen soll, dann muss alles Stolze und Hohe sich beugen. Es gibt ein Maß an Macht, an Reichtum, an Wissen, die für Christus und seine Gnade ein Hindernis sind. „Was krumm ist, soll richtig werden.“ Der Weg Christi ist ein gerader Weg. Es ist ein Maß der Verbiegung und Verstrickung in die Lüge, in die Schuld, in die eigene Arbeit, das eigene Werk (Ps 9,17), in die Selbstliebe, das das Kommen der Gnade besonders schwer macht. Darum muss der Weg gerade werden, auf dem Christus zum Menschen kommen soll. „Was uneben ist, soll schlichter Weg werden.“ Trotz, Widerspenstigkeit und Ablehnung können den Menschen so verhärtet haben, dass

Christus nur noch im Zorn den Widerstrebenden vernichten, aber nicht mehr in Gnade in ihn eingehen kann, dass dem gnädigen Kommen Christi der Riegel vorgeschoben ist und dem Anklopfenden keine Tür sich auftut.

Christus kommt zwar und bahnt sich seinen Weg, ob der Mensch dafür bereit ist oder nicht. Sein Kommen kann niemand hindern, aber seinem Kommen in Gnade können wir uns entgegenstellen. Es gibt Zustände des Herzens, des Lebens und der Welt, die das Empfangen der Gnade in besonderer Weise hindern, das heißt, die das Glaubenkönnen unendlich erschweren. Wir sagen: erschweren, hindern, aber nicht: unmöglich machen; und wir wissen auch wohl, dass selbst der geebnete Weg, die Beseitigung der Hindernisse die Gnade nicht herbeizwingen kann, dass vielmehr auch das gnädige Kommen Christi immer noch „eherne Türen zerbrechen und eiserne Riegel zerschlagen“ muss, dass die Gnade sich zuletzt ihren Weg immer selbst bahnen und ebnen muss, dass sie allein und immer wieder das Unmögliche möglich machen muss. Aber dies alles entbindet uns nicht davon, dem Kommen der Gnade den Weg zu bereiten, wegzutun, was es hindert und erschwert. Es ist nicht gleichgültig, in welchem Zustand uns die Gnade antrifft, wenn es auch allemal nichts als Gnade ist, dass sie zu uns kommt. Wir können es uns und anderen schwer machen, zum Glauben zu kommen. Schwer ist es dem in äußerste Schande, Verlassenheit, Armut, Hilflosigkeit Gestoßenen an Gottes Gerechtigkeit und Güte zu glauben; schwer wird es dem, dessen Leben in Unordnung und Zuchtlosigkeit geraten ist, die Gebote Gottes im Glauben zu hören; schwer ist es dem Satten und Mächtigen, Gottes Gericht und Gottes Gnade zu fassen; schwerlich findet ein durch Irrglauben Enttäuschter und innerlich zum Zuchtlosen Gewordener zu der Einfalt der Herzenshingabe an Jesus Christus. Das ist nicht den Betroffenen zur Entschuldigung und zur Entmutigung gesagt. Sie müssen vielmehr wissen, dass gerade in die Tiefe des Falls, der Schuld, der Not Gott sich herabbeugt in Jesus Christus, dass gerade dem Entrechteten, Erniedrigten, Ausgebeuteten das Recht und die Gnade Gottes besonders nahe ist, dass dem Zuchtlosen sich die Hilfe und Kraft Jesu Christi anbietet, dass den Irrenden und Verzweifelnden die Wahrheit wieder auf festen Grund stellen will.

Alles dies aber schließt die Aufgabe der Wegbereitung nicht aus. Sie ist vielmehr ein Auftrag von unermesslicher Verantwortung für alle, die vom Kommen Jesu Christi wissen. Der Hungernde braucht Brot, der Obdachlose Wohnung, der Entrechtete Recht, der Vereinsamte Gemeinschaft, der Zuchtlose Ordnung, der Sklave Freiheit. Es wäre eine Lästerung Gottes und des Nächsten, den Hungernden hungrig zu lassen, weil gerade in der tiefsten Not Gott am nächsten sei. Um der Liebe Christi willen, die dem Hungernden gehört wie mir, brechen wir das Brot mit ihm, teilen wir die Wohnung. Wenn der Hungernde nicht zum Glauben kommt, so fällt die Schuld auf die, die ihm das Brot verweigerten. Dem Hungernden Brot verschaffen ist Wegbereitung für das Kommen der Gnade.

Es ist etwas Vorletztes, was hier geschieht. Dem Hungernden Brot geben, heißt noch nicht, ihm die Gnade Gottes und die Rechtfertigung verkündigen, und Brot empfangen haben heißt noch nicht im Glauben stehen. Aber für den, der es um des Letzten willen tut, steht dieses Vorletzte in Beziehung zum Letzten. Es ist ein Vor-*Letztes.* Der Einzug der Gnade ist das Letzte. Wir aber müssen von der Wegbereitung, vom Vorletzten, sprechen um derer willen, die mit ihrem Radikalismus, der die vorletzten Dinge leugnete, gescheitert sind und nun in Gefahr stehen, selbst hinter die vorletzten Dinge zurückgestoßen zu werden; auch um derer willen, die in den vorletzten Dingen stecken blieben und sich darin zufriedengaben und die nun doch für das Letzte in Anspruch genommen werden müssen; wir reden von den vorletzten Dingen aber schließlich und vielleicht sogar vor allem um derer willen, die nicht einmal zu diesen vorletzten Dingen gelangt sind, denen keiner diesen Dienst tat, für die niemand den Weg bereitete, und denen nun geholfen werden muss, dass das Wort Gottes, das Letzte, die Gnade, zu ihnen kommen kann.

Gewiss wäre dies alles missverstanden, wollte man sagen, erst müsse der Sklave die Freiheit, der Rechtlose sein Recht, der Hungernde sein Brot bekommen haben, also erst müsse die Welt in Ordnung gebracht sein, ehe er Christ werden könne. Dagegen steht das Zeugnis des Neuen Testaments und der Kirchengeschichte, ja, es ist vielleicht gerade in Zeiten, in denen die Welt relativ in Ordnung zu sein schien, die Entfremdung vom Glauben besonders tief und erschreckend gewesen. Es kann sich also bei der Wegbereitung für Christus nicht einfach um die Schaffung bestimmter erwünschter und zweckmäßiger Zustände handeln, also etwa um die Verwirklichung eines sozialen Reformprogramms. So gewiss es vielmehr bei der Wegbereitung um konkrete Eingriffe in die sichtbare Welt geht, so konkret und so sichtbar wie Hunger und Sättigung sind, so liegt doch alles daran, dass dieses Handeln eine geistliche Wirklichkeit ist, eben weil es ja zuletzt nicht um eine Reform der weltlichen Zustände, sondern um das Kommen Christi geht. Nur einer geistlichen Wegbereitung wird das gnädige Kommen des Herrn folgen. Das bedeutet aber, dass die sichtbaren Taten, die da geschehen müssen, um Menschen bereit zu machen für die Annahme Jesu Christi, Taten der Demütigung vor dem kommenden Herrn und das heißt Taten der Buße sein müssen. Wegbereitung heißt Buße (Mt 3,1 ff.). Buße aber heißt konkrete Umkehr, Buße fordert die Tat. So hat allerdings die Wegbereitung auch ganz bestimmte Zustände im Auge, die herzustellen sind. Bei dem Versuch, dieses Zuständliche, auf das die Wegbereitung hinzielt, positiv auszusprechen, kommen wir zu den beiden Bestimmungen des *Menschseins* und des *Gutseins*.

Erst der Einzug des Herrn wird die Erfüllung des Menschseins und des Gutseins bringen. Aber vom kommenden Herrn her fällt schon ein Licht auf das Menschsein und das Gutsein, wie es zur rechten Bereitschaft und Erwartung gefordert wird. Was also Menschsein und Gutsein ist, das lässt sich nur von dem kommenden und dem gekommenen Herrn her wissen. Weil Christus kommt, darum sollen wir Menschen sein und sollen wir gut sein. Christus kommt ja nicht in die Hölle, sondern „in sein Eigentum" (Joh 1,11), er kommt zu seiner Schöpfung, die trotz ihres Falles seine Schöpfung geblieben ist. Christus kommt nicht zu den Teufeln, sondern zu Menschen, gewiss zu sündigen, verlorenen und verdammten Menschen, aber zu Menschen. Dass die gefallene Schöpfung noch Schöpfung, dass der sündige Mensch noch Mensch geblieben ist, geht ja gerade daraus hervor, dass Christus zu ihnen kommt, dass Christus sie erlöst von der Sünde und der Gewalt des Teufels. Von Christus her wird die gefallene Welt verständlich als von Gott für das Kommen Christi aufbewahrte, erhaltene Welt, in der wir als *Menschen* in gegebenen Ordnungen *„gut"* leben können und sollen. Wo aber der Mensch zum Ding, zur Ware, zur Maschine wird, und wo die Ordnungen willkürlich zerstört werden und zwischen „gut" und „böse" nicht mehr unterschieden wird, dort ist der Aufnahme Christi noch ein besonderes, über die allgemeine Sündhaftigkeit und Verlorenheit der Welt hinausgehendes Hindernis in den Weg gestellt. Dort zerstört die Welt sich selbst, sodass sie ernstlich teuflisch zu werden droht. Es ist mitten in der gefallenen, verlorenen Welt vor Gott ein Unterschied, ob der Mensch die Ordnung der Ehe wahrt oder zerbricht, ob er Recht oder Willkür übt. Gewiss ist auch der die Ehe Achtende, das Recht Schützende noch Sünder, aber es bleibt der Unterschied, ob das Vorletzte beachtet und ernst genommen wird oder nicht. Es gehört zur Wegbereitung, das Vorletzte zu achten und inkraftzusetzen um des nahenden Letzten willen.

Es liegt in der Eigenart der göttlichen Offenbarung durch das Wort, dass ich zur Predigt gehen muss, wenn ich dieses Wort vernehmen will; denn „der Glaube kommt aus der Predigt" (Röm 10,17). Soll also das Wort zu mir kommen können, so ist der letzte Akt der Wegbereitung, die letzte Tat des Vorletzten, dass ich dorthin gehe, wo es Gott gefallen hat, sein Wort zu geben. In der Wahrung der gegebenen Ordnungen ist der Gang zur Kirche die äußerste Grenze des im Rahmen des Vorletzten Gebotenen. Noch die Väter konnten so sprechen. Damit war vorausgesetzt, dass jeder die äußere Möglichkeit, das körperliche Vermögen und das Maß an innerer Sammlung und an Denkfähigkeit besaß, dieser Forderung nachzukommen. Stellt es sich nun aber heraus, dass diese Voraussetzungen eines Tages nicht mehr zutreffen, dass der Ruf zur Predigt aus ganz äußerem Grunde nicht mehr befolgt werden kann, dann rückt die Sorge um das Vorletzte an eine andere Stelle. Es muss zunächst für die äußere Ermöglichung Sorge getragen werden, dass der Ruf zur Predigt vernommen und befolgt werden kann. Das kann bedeuten, dass der Mensch erst wieder Mensch werden muss, ehe er in dieser Weise ansprechbar ist. Die Wegbereitung für den kommenden Herrn wird nicht ernst genommen, wo diese Aufgabe nicht angefasst würde. Die Barmherzigkeit mit den Menschen und die Verantwortung vor Jesus Christus, der zu allen Menschen kommen will, zwingen zu solchem Handeln.

Es kann bei alledem nicht deutlich genug gesagt werden, dass nur der kommende Herr selbst sich den Weg bereiten kann, dass er den Menschen zu ganz neuem Menschsein und Gutsein führen wird und dass das Ende aller Wegbereitung für Christus gerade in der Erkenntnis bestehen muss, dass wir selbst gerade niemals den Weg bereiten können, dass also gerade die Forderung der Wegbereitung uns auf der ganzen Linie in die Buße führt: „Ach mache du mich Armen, zu dieser heilgen Zeit aus Güte und Erbarmen, Herr Jesu, selbst bereit.“ Eben darin unterscheidet sich Wegbereitung für Christus von allen eigenen Wegen zu Christus. Es gibt, wie wir anfangs sagten, in der Tat keine „Methode“, keinen Weg, zum Letzten zu kommen. Wegbereitung geht im Unterschied zu allen Methoden gerade von der klaren Erkenntnis aus, dass Christus selbst den Weg gehen muss; es ist nicht unser Weg zu ihm, sondern sein Weg zu uns, der bereitet werden soll und der nur in dem Wissen bereitet werden kann, dass er ihn sich selbst bereiten muss. Methode ist Weg vom Vorletzten zum Letzten, Wegbereitung ist Weg vom Letzten zum Vorletzten. Dass Christus kommt, aus eigenem Willen, eigener Kraft, eigener Liebe, dass er alle Hindernisse, auch die größten überwinden kann und will, dass er sein eigener Wegbereiter ist, dies und wirklich *nur* dies macht uns zu seinen Wegbereitern. Wie aber sollten wir nicht Wegbereiter eines solchen Herren sein wollen und müssen, wie sollten wir uns von ihm, dem Kommenden, nicht zu seinen Wegbereitern machen lassen, zu solchen, die ihn ernstlich erwarten. Weil wir Christus erwarten, weil wir wissen, dass er kommt, darum und nur darum bereiten wir ihm Seinen Weg.

Nur Christus schafft den Glauben, dennoch gibt es Situationen, in denen das Glaubenkönnen schwerer oder leichter wird. Es gibt Grade der Verhärtung und Verstockung. Nur Christus bringt uns das Letzte, die Rechtfertigung unseres Lebens vor Gott, dennoch oder vielmehr darum bleibt uns das Vorletzte nicht abgenommen und erspart. Das Vorletzte wird verschlungen vom Letzten und doch behält es seine Notwendigkeit und sein Recht, solange die Erde steht.

Christliches Leben ist der Anbruch des Letzten in mir, das Leben Jesu Christi in mir. Es ist aber immer auch Leben im Vorletzten, das auf das Letzte wartet. Der Ernst des christlichen Lebens liegt allein im Letzten, aber auch das Vorletzte hat seinen Ernst, der freilich gerade darin besteht, das Vorletzte niemals mit dem Letzten zu verwechseln, das Vorletzte gegenüber dem Letzten für Scherz zu halten, damit das Letzte – und das Vorletzte – seinen Ernst behalte. Noch einmal wird hier die Unmöglichkeit jedes radikalen Christentums wie auch jedes Kompromisschristentums gegenüber der Wirklichkeit Jesu Christi und seines Kommens in die Welt deutlich.

Die geistige Situation der abendländischen Christenheit ist hinsichtlich unseres Problems durch Folgendes gekennzeichnet: Durch die Infragestellung des Letzten, wie sie seit 200 Jahren in wachsendem Maße im Gange ist, wird zugleich das Vorletzte, das hier im engen Zusammenhang mit dem Letzten gestanden hat, in seinem Bestand bedroht und der Auflösung entgegengeführt. Das Zerbrechen des Vorletzten hat wiederum eine verstärkte Missachtung und Entwertung des Letzten zur Folge. Letztes und Vorletztes sind eng miteinander verbunden. Hier gilt es also durch betontere Verkündigung des Letzten das Vorletzte zu stärken wie auch durch Wahrung des Vorletzten das Letzte zu schützen. Andererseits gibt es in der heutigen abendländischen Christenheit eine breite Schicht von solchen, die zwar an den vorletzten Dingen festhalten und weiter festzuhalten entschlossen sind, aber ohne dass sie den Zusammenhang mit dem Letzten klar erkennen oder doch als entscheidend bejahen, wenngleich sie diesem Letzten auch nicht in irgendeiner Feindseligkeit gegenüberstehen. Hier müsste nun der Verlust des Letzten früher oder später auch zum Zusammenbruch des Vorletzten führen, wenn es nicht gelingt, dieses Vorletzte vom Letzten her noch einmal in Anspruch zu nehmen. Was an Menschlichem und Gutem in der gefallenen Welt gefunden wird, es gehört auf die Seite Jesu Christi. Es ist durchaus eine Verkürzung des Evangeliums, wenn nur dem Zerbrochenen und Bösen die Nähe Jesu Christi verkündigt wird, wenn über der Liebe des Vaters zu dem verlorenen die Liebe zu dem daheimgebliebenen Sohn verkleinert wird. Gewiss ist das Menschliche und Gute, von dem wir sprechen, nicht das Menschliche und das Gute Jesu Christi; es kann im Gericht nicht bestehen; und doch liebt Jesus den Jüngling, der die Gebote gehalten hatte (Mk 10,21). Nicht soll das Menschliche und Gute für sich einen Wert bekommen, sondern es soll und darf für Jesus Christus in Anspruch genommen werden, besonders dort, wo es als unbewusster Rest einer vormaligen Bindung an das Letzte dasteht. Es mag oft ernster aussehen, einen Menschen in dieser Lage schlechthin als Nicht-Christen anzusprechen und ihn zum Bekenntnis seines Unglaubens zu drängen. Es wird aber christlicher sein, gerade einen solchen Menschen, der es selbst nicht mehr wagen würde, sich einen Christen zu nennen, als Christen in Anspruch zu nehmen und ihm mit viel Geduld zum Bekenntnis zu Christus zu helfen. Auch unter diesem Aspekt wollen die beiden nächsten Kapitel verstanden sein.

Das natürliche Leben

Einführung

Auf dem Hintergrund seiner Würdigung des Vorletzten will Bonhoeffer die Bedeutung des Natürlichen für die evangelische Ethik wiedergewinnen. Durch den Sündenfall ist das Kreatürliche zum Natürlichen geworden. „Aus der Gottunmittelbarkeit der wahren Kreatur wird die relative Freiheit des natürlichen Lebens" (-/165f.), *wobei sich das Natürliche seinerseits vom Unnatürlichen durch ein relatives Offensein für Christus unterscheidet. Die Überlegungen zum Recht auf das leibliche Leben, zum Selbstmord, zur Fortpflanzung und zum werdenden Leben wie auch zur Freiheit des leiblichen Lebens entwickelt Bonhoeffer, um die relative Offenheit des Natürlichen für Christus angesichts seiner Bedrohung durch die Nazideologie zu schützen.*

Er geht von einer „Selbstzwecklichkeit" des Leibes aus, was das Recht auf leibliche Freuden einschließt. Hierin liegt der Grund für Bonhoeffers Überzeugung, dass zum vollen Menschsein das Genießenkönnen gehört.[23] *Das Recht auf die Unversehrtheit des Leibes schließt für ihn in Grenzsituationen sowohl die körperliche Züchtigung als auch die Tötung des militärischen Gegners in einem Verteidigungskrieg ein. Auch die Todesstrafe scheint er für bestimmte Verbrechen nicht abzulehnen.*

Anders sieht es bei der Frage der Euthanasie aus, die Bonhoeffer grundsätzlich ablehnt, weil sie das übergeordnete Recht auf Unversehrtheit des Leibes in jedem Fall verletzt. Auch wenn er das Verfügungsrecht des Menschen über seinen eigenen Tod als Auflehnung gegen Gott versteht, will er gleichzeitig zwischen Sterbenlassen eines Schwerkranken und aktivem Töten unterscheiden. Die entsprechenden Gedanken können die heutige Diskussion über aktive Sterbehilfe bereichern. In jedem Fall ist das Lebensrecht eines Menschen unabhängig von seinem „sozialen Nutzwert" zu gewährleisten. Hervorzuheben ist Bonhoeffers biblische Begründung seiner Ablehnung der Euthanasie mit Ex 23,7: „Den Unschuldigen … sollst du nicht erwürgen." Sein ethisches Denken ist also auf Christus ausgerichtet und gleichzeitig biblisch begründet.

Für den Menschen ist seine Freiheit zum Tode charakteristisch. Bonhoeffer betont, dass der Selbstmord allein im Hinblick auf die Existenz des Menschen vor Gott als Unglaube verwerflich ist. Denn Gott hat sich das Recht über das Lebensende selbst vorbehalten. Gleichzeitig meint Bonhoeffer, dass der Selbstmord nicht automatisch moralisch zu verwerfen ist. So erkennt er an, dass es für einen Menschen unter Absehung vom Glauben plausible Gründe geben kann, seinem Leben ein Ende zu machen – z. B. um die eigene Familie zu schützen. Auffällig ist auch Bonhoeffers Ermahnung, einen Selbstmord nicht vorschnell zu verurteilen. Zwar ist und bleibt für ihn Selbstmord aufgrund des biblischen Gebots theologisch abzulehnen. Seelsorglich betrachtet, können jedoch bestimmte Gründe einen Suizid verständlich und sogar entschuldbar machen. Bonhoeffer denkt hier vor allem an Suizid von Mitgliedern des Widerstands gegen Hitler angesichts der Befürchtung, unter der Folter die Namen von Mitverschwörern zu verraten. In diesen Zusammenhang gehört aber auch der Suizid Jochen Kleppers zusammen mit seiner Frau und Tochter am 11.12.1942 in Berlin, der diese damit vor den Vernichtungslagern der Nazis bewahren wollte.

Die sich anschließenden Überlegungen Bonhoeffers zur Ehe und zum werdenden Leben sind gerade aufgrund ihrer

Sperrigkeit gegenüber gegenwärtigen Überzeugungen relevant. Er geht davon aus, dass die Ehe eine mit der Schöpfung von Gott gegebene Ordnung des Zusammenlebens zwischen Mann und Frau darstellt. Daher hat sie ein höheres Recht als die Zugehörigkeit zu Staat und Kirche mit deren jeweiligen Ordnungen. Bonhoeffer wendet sich explizit gegen die konfessionellen und völkisch-nationalen Eheeinschränkungen seiner Zeit, nach denen die römisch-katholische Kirche die Ehe mit einem Nicht-Katholiken und der Nazi-Staat mit einem Juden verboten hatten. Bonhoeffer verbindet die Ehe einerseits mit dem Recht des werdenden Lebens: Zur Ehe gehört, für Kinder offen zu sein. Andererseits billigt er der sexuellen Gemeinschaft in der Ehe ein Eigenrecht zu und lehnt das rigorose Verbot der Geburtenregelung durch die katholische Kirche angesichts der drastisch zurückgegangenen Kindersterblichkeit in Europa als unsachgemäß ab. Hier zeigt sich, dass Bonhoeffer die jeweilige Situation in seine ethischen Überlegungen mit einbezieht. Grundsätzlich lehnt er die Abtreibung ab, weil sie das dem werdenden Leben von Gott verliehene Lebensrecht missachtet. Die Frage, ob es sich beim abgetriebenen Embryo schon um einen (vollständigen) Menschen handelt oder nicht, wird angesichts dieser Argumentation irrelevant.

Das Recht auf das leibliche Leben

Das leibliche Leben, das wir ohne unser Zutun empfangen, trägt in sich das Recht auf seine Erhaltung. Es ist dies nicht ein Recht, das wir uns geraubt oder erworben hätten, sondern es ist im eigentlichsten Sinne „mit uns geborenes", empfangenes Recht, das vor unserem Willen da ist, das im Seienden selbst ruht. Da es nach Gottes Willen menschliches Leben auf Erden nur als leibliches Leben gibt, hat der Leib um des ganzen Menschen willen das Recht auf Erhaltung. Da mit dem Tode alle Rechte erlöschen, so ist die Erhaltung des leiblichen Lebens die Grundlage aller natürlichen Rechte überhaupt und darum mit einer besonderen Wichtigkeit ausgestattet. Das ursprünglichste Recht des natürlichen Lebens ist die Bewahrung des Leibes vor beabsichtigter Schädigung, Vergewaltigung und Tötung. Das mag sehr nüchtern und unheroisch klingen. Der Leib ist aber in erster Hinsicht nicht dazu da, um geopfert, sondern um erhalten zu werden. Dass sich dann aus anderen und höheren Gesichtspunkten das Recht und die Pflicht ergeben kann, den Leib zu opfern, setzt schon das ursprüngliche Recht auf Erhaltung des leiblichen Lebens voraus.

Das leibliche Leben ist wie das Leben überhaupt sowohl Mittel zum Zweck wie Selbstzweck. Es ist idealistisch, aber nicht christlich, den Leib ausschließlich als Mittel zum Zweck zu verstehen. Ein Mittel kommt ja in Wegfall, sobald der Zweck erreicht ist. Dem entspricht die Auffassung des Leibes als Kerker der unsterblichen Seele, die mit dem Tode den Leib für immer verlässt. Nach christlicher Lehre hat der Leib höhere Würde. Der Mensch ist ein leibliches Wesen und bleibt es auch in Ewigkeit. Leiblichkeit und Menschsein gehören untrennbar zusammen. So kommt der Leiblichkeit, die von Gott gewollt ist als Existenzform des Menschen, Selbstzwecklichkeit zu. Das schließt zwar nicht aus, dass der Leib zugleich einem höheren Zweck untergeordnet bleibt. Es ist aber wichtig, dass zu den Rechten des leiblichen Lebens seine Wahrung nicht nur als Mittel zum Zweck, sondern auch als Selbstzweck gehört. Die Selbstzwecklichkeit des Leibes kommt innerhalb des natürlichen Lebens in den Freuden des Leibes zum Ausdruck. Wäre der Leib nur Mittel zum Zweck, so hätte der Mensch kein Recht auf leibliche Freuden. Ein zweckmäßiges Minimum leiblichen Genusses dürfte dann nicht überschritten werden. Das hätte sehr einschneidende Folgen für die christliche Beurteilung aller mit dem leiblichen Leben zusammenhängenden Probleme des Wohnens, der Ernährung, der Kleidung, der Erholung, des Spieles, der Geschlechtlichkeit. Kommt aber dem Leib eine Selbstzwecklichkeit zu, so gibt es ein Recht auf leibliche Freuden, ohne dass diese ohne Weiteres einem höheren Zweck untergeordnet werden müssten. Es liegt im Wesen der Freude selbst, dass sie durch Zweckgedanken verdorben wird. Wir werden später, wenn wir vom Recht auf Glück sprechen werden, hierauf zurückkommen müssen. Die Freuden des Leibes sind innerhalb des natürlichen Lebens der Hinweis auf die ewige Freude, die dem Menschen bei Gott verheißen ist. Wo einem Menschen die Möglichkeit leiblicher Freuden genommen wird, indem sein Leib ausschließlich als Mittel zum Zweck gebraucht wird, dort findet ein Eingriff in das ursprüngliche Recht leiblichen Lebens statt. „Iss dein Brot mit Freuden, trink deinen Wein mit gutem Mut; denn dein Werk gefällt Gott. Lass deine Kleider immer weiß sein und lass deinem Haupt Salbe nicht mangeln. Brauche das Leben mit deinem Weibe, das du lieb hast, solange du das eitle Leben hast, das dir Gott unter der Sonne gegeben hat, solange dein eitel Leben währt; denn das ist dein Teil im Leben und in deiner Arbeit, die du tust unter der Sonne“ (Pred 9,7 ff.). „So freue dich, Jüngling, in deiner Jugend und lass dein Herz guter Dinge sein in deiner Jugend. Tue, was dein Herz gelüstet und deinen Augen gefällt, und wisse, dass dich Gott um dies alles wird vor Gericht führen“ (11,9). Wer kann fröhlich essen und sich ergötzen ohne Ihn?“ (2,25).

Die Wohnung des Menschen hat nicht wie der tierische Unterschlupf nur den Sinn eines Schutzes vor Unwetter und Nacht und der Pflegestätte für die Jungen, sondern sie ist der Raum, in dem der Mensch die Freuden eines persönlichen Lebens in der Geborgenheit der Seinen und seines Eigentums genießen darf. Essen und Trinken dient nicht allein dem

Zweck der Gesunderhaltung des Körpers, sondern auch der natürlichen Freude am leiblichen Leben. Die Kleidung soll nicht nur den Körper notdürftig bedecken, sondern zugleich eine Zierde des Leibes sein. Erholung hat nicht nur den Zweck einer größeren Arbeitsleistung, sondern sie gewährt dem Leib das Maß der ihm zukommenden Ruhe und Freude. Das Spiel ist seinem Wesen nach fern aller Zweckbestimmtheit, der deutlichste Ausdruck für die in sich ruhende Selbstzwecklichkeit leiblichen Lebens. Die Geschlechtlichkeit ist nicht nur Mittel der Fortpflanzung, sondern trägt innerhalb der Ehe ihre Freude unabhängig von dieser Zweckbestimmung in der Liebe zweier Menschen zueinander. Es geht aus dem Gesagten hervor, dass der Sinn des leiblichen Lebens niemals in seiner Zweckbestimmtheit aufgeht, sondern erst in der Erfüllung des ihm innewohnenden Anspruchs auf Freude erschöpft wird.

Wie stark das leibliche Leben auf Freude angelegt ist, geht vielleicht am klarsten daraus hervor, dass der Leib auch dort, wo er in rechter Weise in harter Anspannung notwendigen Zwecken dienstbar gemacht wird, an solcher Dienstbarkeit Freude empfindet. Doch wird das nur so lange der Fall sein, als neben der Zweckdienlichkeit des Leibes auch seiner Selbstzwecklichkeit das gebührende Recht eingeräumt wird.

Der Leib ist jeweils „mein" Leib, er kann niemals, auch in der Ehe nicht, in demselben Sinne einem andern zugehörig sein wie mir. Mein Leib ist es, der mich räumlich von anderen Menschen trennt und mich dem anderen Menschen als Mensch gegenüberstellt. Die Antastung meines Leibes ist ein Eingriff in meine persönliche Existenz. Die Ehrerbietung, die ich dem anderen Menschen schulde, drückt sich in einer klar gewahrten Distanz zu seinem leiblichen Leben aus. Die körperliche Züchtigung hat nur insofern ein Recht, als die betroffene Person noch nicht als selbständige Existenz anzusehen ist und als vielmehr gerade durch die körperliche

Züchtigung diese Unselbständigkeit zum Ausdruck gebracht werden soll, mit dem Zweck, die notwendige Selbständigkeit zu fördern. Eine feste Regel darüber, wer als selbständige Existenz anzusehen ist, lässt sich nicht aufstellen. Doch wird die Grenze des Kindesalters hier vor allem maßgeblich sein, und ganz gewiss wird der erwachsene Mensch, der sich seiner natürlichen Rechte bewusst geworden ist, als selbständige Existenz angesehen werden müssen. Etwas anderes sind Körperstrafen bei Verbrechern. Sie werden in solchen Fällen vertretbar sein, wo um der Gemeinheit und niedrigen Ehrlosigkeit des Verbrechens willen eine bewusste Ehrentziehung beabsichtigt ist und wo die verbrecherische Antastung fremden leiblichen Lebens Strafe am Leibe des Täters fordert.

Unter freien selbständigen Personen bedeutet eine bewusste Antastung des fremden Leibes die Zerstörung des ersten natürlichen Rechtes des Menschen und damit seine grundsätzliche Rechtlosmachung und Zerstörung des natürlichen Lebens.

Das erste Recht des natürlichen Lebens besteht in der Bewahrung des leiblichen Lebens vor willkürlicher Tötung. Von willkürlicher Tötung muss dort gesprochen werden, wo unschuldiges Leben vorsätzlich getötet wird. Unschuldig in diesem Zusammenhang aber ist jedes Leben, das nicht einen bewussten Angriff auf anderes Leben unternimmt und das keiner todeswürdigen verbrecherischen Tat überführt werden kann. Willkürlich ist demnach nicht die Tötung des Feindes im Kriege; denn wenn dieser auch nicht persönlich schuldig ist, so nimmt er doch bewusst teil an dem Angriff seines Volkes auf das Leben meines Volkes und muss daher die Folgen der Gesamtschuld mittragen. Willkürlich ist selbstverständlich nicht die Tötung des Verbrechers, der fremdes Leben antastete. Willkürlich ist aber auch nicht die Tötung von Zivilpersonen im Krieg, sofern sie nicht direkt beabsichtigt, sondern nur unglückliche Folge einer militärisch notwendigen Maßnahme ist. Willkürlich aber wäre die Tötung wehrloser Gefangener oder Verwundeter, die sich keines Angriffs auf mein Leben mehr schuldig machen können. Willkürlich ist die Tötung eines unschuldigen Menschen aus Leidenschaft oder um irgendeines Vorteils willen. Willkürlich ist jede bewusste Tötung unschuldigen Lebens.

Dieser letzte Satz ist nicht ohne Widerspruch geblieben. Das Problem, das sich hier stellt, ist mit dem Begriff der Euthanasie umschrieben. Die grundsätzliche Frage lautet hier: Darf unschuldiges Leben, das nicht mehr lebenswert ist, auf schmerzlose Weise vernichtet werden? Eine doppelte Motivierung liegt dieser Frage zugrunde: die Rücksicht auf den Kranken und die Rücksicht auf die Gesunden. Nun ist aber vor jeder inhaltlichen Behandlung grundsätzlich festzustellen, dass die Entscheidung über das Recht der Tötung menschlichen Lebens niemals aus einer Summe von Gründen getroffen werden kann. Entweder ist *ein* Grund so zwingend, dass er diese Entscheidung herbeizuführen vermag, oder er ist nicht zwingend; dann können aber auch beliebig viele andere Gründe eine derartige Entscheidung niemals rechtfertigen. Tötung fremden Lebens kann es nur geben aufgrund einer unbedingten Notwendigkeit, dann muss sie auch gegen noch so viele und gute andere Gründe vollzogen werden. Niemals aber darf Tötung fremden Lebens nur eine Möglichkeit unter anderen Möglichkeiten sein, und sei sie eine noch so gut begründete Möglichkeit. Wo es auch nur die geringste verantwortliche Möglichkeit gibt, dem andern das Leben zu lassen, wäre Vernichtung des Lebens willkürliche Tötung, Mord. Töten oder am Leben lassen sind für die Entscheidung niemals Äquivalente. Die Schonung des Lebens hat ein unvergleichliches Vorrecht vor der Vernichtung. Das Leben darf alle Gründe für sich geltend machen, für die Tötung gilt nur ein einziger Grund. Wo dies nicht bedacht wird, fällt man dem Schöpfer und Erhalter des Lebens selbst in den

Arm. Wo also das Recht der Euthanasie durch mehrere verschiedenartige Gründe gestützt werden soll, dort setzt man sich von vornherein in Unrecht, indem man indirekt zugibt, dass es einen einzigen absolut zwingenden Grund nicht gibt.

So müssen wir also in der Behandlung dieser Frage die einzelnen Begründungen für sich nehmen und sie auf ihren zwingenden Charakter untersuchen. Niemals dürfen wir die Schwäche der einen Begründung durch eine andere Begründung auszugleichen versuchen.

Fordert die Rücksicht auf den unheilbar Kranken, auf die Schwere seines Leidens die vorsätzliche Beendigung seines Lebens durch eine humane Form des Todes? Es versteht sich bei dieser Frage von selbst, dass sie die Einwilligung beziehungsweise den Wunsch des Kranken voraussetzen muss. Wo dieser Wunsch nicht ausdrücklich ausgesprochen wird oder werden kann, wie etwa bei Idioten, ja, wo das Verlangen nach Leben unmissverständlich zum Ausdruck kommt, dort kann ehrlicherweise von einer Rücksicht auf den Kranken nicht mehr gesprochen werden. Wer aber vermag zu ermessen, wie stark selbst der unheilbar Geisteskranke trotz seines Leidens am Leben hängt und wie viel Glücksgefühl er selbst seinem armseligen Leben noch abringt? Es spricht sogar vieles dafür, dass hier die Lebensbejahung besonders stark und hemmungslos ist. Hier also könnte die Rücksicht auf den Kranken jedenfalls nicht zur Begründung der Vernichtung seines Lebens gemacht werden. Umgekehrt, wo ein schwer Depressiver um Beendigung seines Lebens bittet, dürften wir dort übersehen, dass es sich hier um die Bitte eines Kranken handelt, der über sich selbst nicht Herr ist? Die Entgegnung, eben darum handle es sich ja auch beim Idioten, der am Leben hängt, lässt wieder außer Acht, dass das Recht auf Leben einen Vorrang vor dem Recht auf Tötung hat. Nehmen wir nun aber den Fall, ein unheilbar Kranker willige mit klaren Sinnen in die Beendigung seines Lebens ein, ja er begehre sie.

Kann dann ein solcher Wunsch eine zwingende Forderung für die Anwendung der Euthanasie enthalten? Unzweifelhaft kann von einer zwingenden Forderung nicht gesprochen werden, solange das Leben des Kranken noch seine eigenen Forderungen stellt, solange also der Arzt nicht nur dem Willen, sondern eben auch dem Leben des Kranken noch verpflichtet ist. Die Frage nach der Tötung fremden Lebens verschiebt sich hier zu der Frage nach der Zulässigkeit der Beendigung des eigenen Lebens in schwerster Krankheit und der Beihilfe dazu. Diese Frage werden wir im Zusammenhang des Problems des Selbstmordes besprechen. Der Einwand, man werde doch ärztlicherseits in gewissen Fällen nicht mehr alles dafür tun, um ein Leben künstlich zu verlängern, man werde also zum Beispiel einen lungenkranken Idioten vielleicht nicht mehr in eine Lungenheilstätte bringen, und dieses Verhalten sei von einer beabsichtigten Beendigung seines Lebens nicht zu unterscheiden, rührt zwar eine ernste Frage an; dennoch bleibt es wichtig, den Unterschied festzuhalten, der zwischen Sterbenlassen und Töten besteht. Es können ja überhaupt im Leben nicht in jedem Fall alle denkbaren Mittel angewendet werden, um den Tod hinauszuschieben; und dennoch bleibt hier ein entscheidender Unterschied zu beabsichtigter Tötung. Es ergibt sich somit, dass die Rücksicht auf den Kranken nicht als zureichender Grund für die Notwendigkeit der Tötung menschlichen Lebens gelten kann.

Macht nun die Rücksicht auf die Gesunden die Tötung unschuldigen Lebens notwendig? Voraussetzung der bejahenden Beantwortung dieser Frage ist die Auffassung, dass jedes Leben einen bestimmten Nutzwert für die Gemeinschaft haben müsse und dass mit dem Erlöschen dieses Nutzwertes das Leben keine Berechtigung mehr habe und also gegebenenfalls vernichtet werden dürfe; und selbst dort, wo diese radikale Form des Gedankens vermieden wird, bleibt es doch zum Mindesten bei einer verschiedenen Bewertung des Lebensrechtes von sozial Wertvollen und sozial Wertlosen, wobei es sich auch hier ausschließlich um unschuldiges Leben handelt. Diese unterschiedliche Bewertung lässt sich aber offenbar im Leben nicht durchführen, da sie unmögliche Folgen haben würde. Sie würde zum Beispiel den selbstverständlichen Einsatz sozial wertvollen Lebens zum Beispiel im Kriege oder in irgendeiner Lebensgefahr zugunsten sozial möglicherweise weniger wertvollen Lebens verbieten. Schon daraus ergibt sich, dass gerade der sozial Wertvolle in den Lebensrechten keinen Unterschied macht; gerade er wird bereit sein, sein Leben für den Geringeren einzusetzen, der Starke für den Schwachen, der Gesunde für den Kranken. Gerade der Starke wird nicht nach dem Nutzwert des Schwachen für ihn fragen – das wird höchstens der Schwache tun –, sondern die Not des Schwachen wird ihn zu neuen Aufgaben, zur Entfaltung seines sozialen Wertes führen. Der Starke wird im Schwachen nicht eine Minderung seiner Kraft, sondern einen Ansporn zu höheren Taten erblicken. Die Idee, ein Leben, das seinen sozialen Nutzwert verloren hat, zu vernichten, entspringt der Schwäche, nicht der Stärke.

Vor allem aber geht diese Idee von der falschen Voraussetzung aus, das Leben bestehe nur in seinem sozialen Nutzwert. Dass das von Gott geschaffene und erhaltene Leben ein ihm innewohnendes Recht besitzt, das von dem sozialen Nutzwert dieses Lebens gänzlich unabhängig ist, ist hier übersehen. Das Recht auf Leben besteht im Seienden und nicht in irgendwelchen Werten. Es gibt vor Gott kein lebensunwertes Leben; denn das Leben selbst ist von Gott wertgehalten. Dass Gott der Schöpfer, Erhalter und Erlöser des Lebens ist, macht auch das armseligste Leben vor Gott lebenswert. Der arme Lazarus, der aussätzig vor der Tür des Reichen lag und dem die Hunde die Wunden leckten, jener Mann ohne jeden sozialen Nutzwert, jenes Opfer derer, die das Leben nur nach seinem Nutzwert beurteilen, wird von

Gott des ewigen Lebens wertgeachtet. Wo sollte auch, außer in Gott, der Maßstab für den letzten Wert eines Lebens liegen? In der subjektiven Lebensbejahung? Darin mag manches Genie von einem Idioten übertroffen werden. In dem Urteil der Gemeinschaft? Hier würde sich alsbald zeigen, dass das Urteil über sozial wertvolles oder wertloses Leben dem Bedarf des Augenblicks und damit der Willkür ausgesetzt wäre und dass bald diese bald jene Gruppe von Menschen von dem Vernichtungsurteil getroffen würde. Die Unterscheidung zwischen lebenswertem und lebensunwertem Leben zerstört früher oder später das Leben selbst. Nach dieser grundsätzlichen Klarstellung bleibt nun aber doch noch ein Wort über den rein sozialen Nutzwert des scheinbar nutzlosen, sinnlosen Lebens zu sagen. Wir kommen ja um die Tatsache nicht herum, dass gerade dieses sogenannte lebensunwerte Leben unheilbar Kranker bei den Gesunden, bei Ärzten, Pflegern, Verwandten das höchste Maß sozialer Opferbereitschaft und wahrsten Heldentums auslöst und dass aus solcher Hingabe gesunden Lebens an krankes Leben höchst reale Nutzwerte für die Gemeinschaft hervorgegangen sind.

Nun kann nicht geleugnet werden, dass schwere unheilbare erbliche Krankheiten für die Gemeinschaft ein ernstes Problem und eine gewisse Gefährdung darstellen. Es fragt sich nur, ob dieser Gefährdung nur auf dem Wege der Vernichtung dieses Lebens begegnet werden kann. Diese Frage aber ist eindeutig zu verneinen. Die Internierung solcher Kranker ist vom gesundheitlichen Standpunkt aus ein ausreichendes Mittel. Vom Wirtschaftlichen her gesehen wird aber die Versorgung derartiger Kranker niemals die Lebenshaltung eines Volkes irgendwie ernstlich beeinträchtigen können. Noch nie haben die Ausgaben eines Volkes für die Pflege derartiger Kranker auch nur im Entferntesten die Ausgaben für Luxusartikel erreicht. Gewisse begrenzte Lasten für die Kranken zu übernehmen, wird aber gerade der Gesunde, schon um der Ungewissheit seiner persönlichen Zukunft willen, also aus ganz natürlichen Gründen, immer bereit sein.

Muss nicht aber die unheilbar erbliche Krankheit ebenso als ein Angriff auf den Bestand der Gemeinschaft angesehen werden wie zum Beispiel der feindliche Angriff im Krieg? Hier ist ein doppelter Unterschied zu beachten: Erstens kann dieser Angriff durch andere Mittel als durch Vernichtung des Lebens abgewehrt werden. Zweitens handelt es sich im Fall der Erbkranken um unschuldiges Leben. Wenn hier überhaupt von Schuld geredet werden kann, dann trifft sie jedenfalls bestimmt nicht den Kranken, sondern die Gemeinschaft selbst. Es wäre daher ein unerträglicher Pharisäismus, wenn die Gemeinschaft den Kranken als Schuldigen behandeln – und sich selbst auf dessen Kosten ins Recht setzen wollte. Die Tötung der Unschuldigen wäre im höchsten Sinn willkürlich.

Die Frage, ob es sich bei Fällen angeborener Idiotie überhaupt um *menschliches* Leben handelt, ist so naiv, dass sie kaum einer Antwort bedürfte. Es ist von Menschen geborenes, krankes Leben, das ja nichts anderes sein kann als, freilich höchst unglückliches, *menschliches* Leben. Ja, gerade dass menschliches Leben auch so entsetzlich entstellt aussehen kann, sollte den Gesunden nachdenklich machen.

Ein Grenzfall für alle diese Überlegungen würde eintreten, wo etwa auf einem Schiff, das keine Isolierungsmöglichkeiten böte, Pest ausbräche und nach menschlichem Ermessen die Gesunden nur durch den Tod der Kranken gerettet werden könnten. In diesem Fall müsste die Entscheidung offenbleiben.

Die These von der Zulässigkeit der Tötung unschuldigen kranken Lebens zugunsten der Gesunden hat aber im Grunde weder soziale noch wirtschaftliche noch hygienische, sondern weltanschauliche Wurzeln. Es soll hier der übermenschliche Versuch gemacht werden, die menschliche

Gemeinschaft von sinnlos erscheinender Krankheit zu befreien. Es wird ein Kampf mit dem Schicksal oder, wie wir auch sagen können: mit dem Wesen der gefallenen Welt selbst aufgenommen. Man meint, mit rationalen Mitteln eine neue gesunde Menschheit schaffen zu können. Zugleich hält man die Gesundheit für den höchsten Wert, dem alle anderen Werte geopfert werden müssten. Rationalisierung und Biologisierung des menschlichen Lebens verbinden sich in diesem vergeblichen Unterfangen, durch das das Recht alles Geschaffenen auf Leben und damit schließlich alle Gemeinschaft überhaupt zerstört wird.

Kommen wir also zu dem Ergebnis, dass auch die Rücksicht auf die Gesunden kein Recht zur vorsätzlichen Tötung unschuldigen kranken Lebens gibt, so ist damit die Frage der Euthanasie negativ entschieden. Die Heilige Schrift fasst dieses Urteil in dem Satz zusammen: „Den Unschuldigen … sollst du nicht erwürgen“ (2Mose 23,7).

Der Selbstmord

Der Mensch hat sein Leben im Unterschied zum Tier nicht als einen Zwang, den er nicht abwerfen kann, sondern er hat sein Leben in der Freiheit es zu bejahen oder zu vernichten. Der Mensch kann, was kein Tier kann, sich selbst freiwillig den Tod geben. Während das Tier mit seinem leiblichen Leben eins ist, kann sich der Mensch von seinem leiblichen Leben unterscheiden. Die Freiheit, in der der Mensch sein leibliches Leben hat, lässt ihn dieses Leben frei bejahen und weist ihn zugleich über das leibliche Leben hinaus, sie lässt ihn sein leibliches Leben als zu bewahrende Gabe wie als darzubringendes Opfer verstehen. Nur weil der Mensch frei ist zum Tode, kann er sein leibliches Leben um eines höheren Gutes willen hingeben. Ohne die Freiheit zum Lebensopfer im Tode gäbe es keine Freiheit für Gott, gäbe es kein *menschliches* Leben.

Das Recht des Lebens will im Menschen durch Freiheit gewahrt sein. Es ist also kein absolutes, sondern ein durch Freiheit bedingtes Recht. Dem Recht auf Leben steht die Freiheit, das Leben als Opfer einzusetzen und hinzugeben, gegenüber. Im Sinne des Opfers also hat der Mensch Freiheit und Recht zum Tode, doch nur so, dass nicht die Vernichtung des eigenen Lebens, sondern das im Opfer erstrebte Gut Ziel des Lebenseinsatzes ist.

Mit der Freiheit zum Tode ist dem Menschen eine unvergleichliche Macht gegeben, die leicht zum Missbrauch führen kann. Der Mensch kann durch sie in der Tat zum Herren seines irdischen Schicksals werden, indem er sich nach freiem Entschluss einer Niederlage durch selbst gesuchten Tod entzieht und so dem Schicksal seinen Sieg raubt. Patet exitus [Offen ist der Ausgang aus dem Leben (Seneca)] – das ist die Proklamation der menschlichen Freiheit gegenüber dem Leben. Von dieser Möglichkeit nicht Gebrauch zu machen, wird ein Mensch, der im Kampf mit dem Schicksal seine Ehre, seine Arbeit, den einzig geliebten Menschen verloren hat und dem sein Leben damit zerstört ist, schwerlich zu überreden sein, sofern ihm der Mut zu dieser Tat seiner Freiheit und seines Sieges noch geblieben ist. Es kann ja nicht bestritten werden, dass der Mensch mit dieser Tat noch einmal sein – vielleicht missverstandenes – Menschentum gegen das blinde unmenschliche Schicksal ausspielt und in Kraft setzt. Der Selbstmord ist eine spezifisch menschliche Tat und es ist nicht verwunderlich, dass er als solche immer wieder Beifall und Rechtfertigung durch edle Menschen erfahren hat. Über jede kleinliche moralisierende Beurteilung als Feigheit und Schwäche ist diese Tat, sofern sie in Freiheit vollzogen wird, erhaben. Der Selbstmord ist die letzte und äußerste Selbstrechtfertigung des Mensch als Menschen und damit – vom rein Menschlichen her gesehen – sogar in gewissem Sinne die selbst vollbrachte Sühne für ein verfehltes Leben. Nicht die Verzweiflung, in der sich diese Tat meist ereignen wird, ist selbst der eigentliche Urheber des Selbstmordes, sondern die Freiheit des Menschen, selbst in seiner Verzweiflung noch seine höchste Selbstrechtfertigung zu vollziehen. Kann der Mensch sich nicht in seinem Glück und Erfolg rechtfertigen, so kann er es doch noch in seiner Verzweiflung. Kann er sein Recht auf ein menschliches Leben nicht in seinem leiblichen Leben durchsetzen, so kann er es doch noch durch Vernichtung seines Leibes. Kann er die Anerkennung seines Rechtes nicht von der Welt erzwingen, so kann er sie sich in letzter Einsamkeit selbst schaffen. Der Selbstmord ist der Versuch des Menschen, einem menschlich sinnlos gewordenen Leben einen letzten menschlichen Sinn zu verleihen. Das unwillkürliche Gefühl des Schauders, das uns angesichts der Tatsache eines Selbstmordes ergreift, ist nicht auf die Verwerflichkeit, sondern auf die schaurige Einsamkeit und Freiheit solcher Tat zurückzuführen, in der Bejahung des Lebens nur noch in seiner Vernichtung besteht.

Wenn nun dennoch von der Verwerflichkeit des Selbstmordes gesprochen werden muss, so gilt das nicht vor dem Forum der Moral oder der Menschen, sondern allein vor dem Forum Gottes. Schuldig wird der Selbstmörder allein vor Gott, dem Schöpfer und Herrn über sein Leben. Weil ein lebendiger Gott ist, darum ist der Selbstmord verwerflich als Sünde des Unglaubens. Unglaube aber ist keine moralische Verfehlung, sondern er ist edler wie gemeiner Motive und Taten fähig. Der Unglaube aber rechnet im Guten wie im Schlechten nicht mit dem lebendigen Gott. Das ist die Sünde. Der Unglaube ist der Grund, aus dem der Mensch nach seiner eigenen Rechtfertigung und ihrer letzten Möglichkeit im Selbstmord greift, weil er an eine göttliche Rechtfertigung nicht glaubt. Der Unglaube verbirgt dem Menschen in verhängnisvoller Weise die Tatsache, dass auch der Selbstmord ihn aus der Hand des Gottes, der ihm sein Schicksal bereitet hat, nicht freigibt. Der Unglaube erkennt über der Gabe des leiblichen Lebens nicht den Schöpfer und Herrn, der das alleinige Verfügungsrecht über seine Schöpfung hat. Hier stoßen wir auf die Tatsache, dass das natürliche Leben sein Recht nicht in sich selbst, sondern in Gott hat. Die dem menschlichen im natürlichen Leben gegebene Freiheit zum Tode wird missbraucht, wo sie nicht im Glauben an Gott gebraucht wird.

Gott hat sich das Recht über das Ende des Lebens selbst vorbehalten, weil nur er weiß, zu welchem Ziel er das Leben führen will. Er allein will es sein, der ein Leben rechtfertigt oder verwirft. Vor ihm wird Selbstrechtfertigung zur Sünde schlechthin und darum auch der Selbstmord. Es gibt keinen anderen zwingenden Grund, der den Selbstmord verwerflich macht als die Tatsache, dass es über dem Menschen einen Gott gibt. Diese Tatsache wird durch den Selbstmord geleugnet.

Nicht die Niedrigkeit der Motive macht den Selbstmord verwerflich. Man kann aus niedrigen Motiven am Leben bleiben und aus edlen Motiven aus dem Leben gehen. Nicht das leibliche Leben als solches hat ein letztes Recht an dem Menschen, der Mensch steht in Freiheit seinem leiblichen Leben gegenüber und „das Leben ist der Güter höchstes nicht". Auch die menschliche Gemeinschaft kann nicht, wie Aristoteles meinte, ein letztes Recht auf das leibliche Leben des Einzelnen begründen. Ihr gegenüber ist dem Menschen von Natur ein letztes Verfügungsrecht über sich selbst gegeben. Die Gesellschaft mag den Selbstmord unter Strafe stellen (England, die „Atimie" bei Aristoteles); dem Täter selbst gegenüber wird sie ein zwingendes Recht auf sein Leben nicht glaubwürdig machen können. Schließlich genügt aber auch die in der christlichen Kirche weitverbreitete Begründung nicht, dass der Selbstmord die Reue und darum die Vergebung unmöglich mache. Viele Christen sind durch jähen Tod mit unbereuter Sünde gestorben. Hier liegt eine Überschätzung des letzten Augenblicks vor. Alle die genannten Gründe bleiben auf halbem Wege stehen, sie enthalten etwas Richtiges, ohne das Entscheidende auszusprechen, und sind darum nicht zwingend.

Gott, der Schöpfer und Herr des Lebens, nimmt das Recht des Lebens selbst wahr. Der Mensch braucht nicht Hand an sich zu legen, um sein Leben zu rechtfertigen. Weil er es nicht braucht, darum darf er es auch nicht. Es ist eine merkwürdige Tatsache, dass die Bibel an keiner Stelle den Selbstmord ausdrücklich verbietet, sondern dass dieser immer wieder nur als die Folge schwerster Sünde auftritt, so bei den Verrätern Ahitophel und Judas. Der Grund hierfür ist nicht, dass die Bibel den Selbstmord billigt, sondern dass sie an die Stelle des Verbots des Selbstmordes den Gnaden- und Bußruf an den Verzweifelten treten lassen will. Der am Rande des Selbstmords Stehende hört kein Verbot oder Gebot mehr, er hört nur noch den gnädigen Ruf Gottes zum Glauben, zur Errettung, zur Umkehr. Den Verzweifelnden rettet kein Gesetz, das an die eigene Kraft appelliert, es treibt ihn nur noch in hoffnungslosere Verzweiflung; dem am Leben Verzweifelnden hilft nur die rettende Tat eines andern, das Angebot eines neuen Lebens, das nicht aus eigener Kraft, sondern aus Gottes Gnade gelebt wird. Wer nicht mehr leben kann, dem hilft auch der Befehl, dass er leben soll, nicht weiter, sondern allein ein neuer Geist.

Gott tritt für das Recht auf Leben auch gegen den seines Lebens überdrüssig Gewordenen ein. Er gibt dem Menschen die Freiheit, sein Leben für Größeres einzusetzen, aber er will nicht, dass sich diese Freiheit willkürlich gegen das eigene Leben kehrt. Der Mensch soll nicht die Hand an sich selbst legen, so gewiss er sein Leben anderen zum Opfer bringen soll. Der Mensch soll sein irdisches Leben, auch dort wo es ihm zur Qual wird, ganz in Gottes Hand geben, aus der es gekommen ist, und sich nicht durch Selbsthilfe zu befreien trachten. Er fällt ja auch sterbend nur wieder in Gottes Hand, die ihm im Leben zu hart wurde.

Viel schwieriger als dieses Grundsätzliche ist das Urteil über den Einzelfall. Da der Selbstmord eine Tat der Einsamkeit ist, bleiben die letzten entscheidenden Motive fast immer verborgen. Selbst dort, wo eine äußere Lebenskatastrophe vorangegangen ist, entzieht sich die innere tiefste Begründung der Tat dem fremden Einblick. Weil die Grenze zwischen der Freiheit des Lebensopfers und dem Missbrauch dieser Freiheit zum Selbstmord für ein menschliches Auge oft kaum zu erkennen ist, ist dem Urteil über die einzelne Tat damit die Grundlage entzogen. Gewiss bleibt das Hand-an-sich-Legen eine Tatsache, die von der Gefährdung des eigenen Lebens im notwendigen Einsatz unterschieden ist. Aber es wäre kurzsichtig, jede Form der Selbsttötung ohne Weiteres dem Selbstmord gleichzusetzen. Dort nämlich, wo es bei der Selbsttötung um ein bewusstes Opfer des eigenen Lebens für andere Menschen geht, muss ein Urteil zum mindesten suspendiert werden, weil hier die Grenze menschlichen Erkennens erreicht ist. Allein, wo ausschließlich und bewusst in Rücksicht auf die eigene Person gehandelt wird, wird Selbsttötung zum Selbstmord. Wer aber wollte über diese Ausschließlichkeit und Bewusstheit mit Gewissheit etwas zu sagen wagen? Wo ein Gefangener sich das Leben nimmt, weil er fürchten muss, unter der Anwendung der Folter sein Volk, seine Familie, seinen Freund zu verraten, wo ein Staatsmann, dessen Auslieferung der Feind unter Androhung von Repressalien gegen sein Volk fordert, nur durch freien Tod seinem Volk schweren Schaden ersparen kann, dort tritt die Selbsttötung so stark unter das Motiv des Opfers, dass eine Verurteilung der Tat unmöglich wird. Wenn ein unheilbar Kranker sehen muss, dass seine Pflege den materiellen und seelischen Zusammenbruch seiner Familie zur Folge hat und durch eigenen Entschluss die Seinen von dieser Last befreit, so mögen gewiss manche Bedenken gegen so eigenmächtiges Handeln bestehen, dennoch wird eine Verurteilung auch hier nicht möglich sein. Eine Absolutsetzung des Verbotes der Selbsttötung gegenüber der Freiheit des Lebensopfers lässt sich angesichts solcher Fälle schwerlich begründen. Selbst die alten Kirchenväter hielten die Selbsttötung bei Christen unter bestimmten Umständen für erlaubt, so zum Beispiel, wenn die Keuschheit durch Gewalt bedroht war, wenngleich schon Augustin dies bestritt und das Selbsttötungsverbot absolut setzte. Es scheint jedoch kaum möglich zu sein, die erwähnten Fälle grundsätzlich von jener selbstverständlichen Christenpflicht zu unterscheiden, in der etwa beim Sinken eines Schiffes der Christ den letzten Platz im Rettungsboot einem anderen lässt und sehenden Auges in den Tod geht, oder in der der Freund den Leib des Freundes mit dem eigenen Leibe vor der Kugel schützt. Der eigene Entschluss wird hier zur Ursache des eigenen Todes, wenngleich der Unterschied zwischen der direkten Selbsttötung und dem Lebenseinsatz, in dem das Leben Gott anheimgegeben wird, noch vorhanden ist. Anders liegen offenbar die Dinge, wenn rein persönliche Vorkommnisse, also etwa Verletzung der Ehre, erotische Leidenschaft, finanzieller Zusammenbruch, Spielschulden oder schwere persönliche Verfehlungen zum Selbstmord führen, also durch die Selbsttötung nicht fremdes Leben geschützt, sondern ausschließlich das eigene Leben gerechtfertigt werden soll. Freilich wird im konkreten Fall auch hier der Opfergedanke nicht ganz fehlen. Immerhin wird hier die Rettung der eigenen Person vor Schande und Verzweiflung alle anderen Motive überwiegen und also der Unglaube der letzte Grund der Tat werden. Dass Gott auch einem gescheiterten Leben wieder Sinn und Recht geben kann, ja, dass gerade durch Scheitern hindurch ein Leben erst zu seiner eigentlichen Erfüllung kommen kann, das wird hier nicht geglaubt. Darum bleibt die Beendigung des Lebens die letzte Möglichkeit des Menschen, seinem Leben selbst Sinn und Recht wiederzugeben und sei es auch im Augenblick seiner Vernichtung. Es wird auch hier wieder ganz deutlich, dass eine rein moralische Verurteilung des Selbstmordes nicht möglich ist, dass der Selbstmord vielmehr vor einer atheistischen Ethik wohl bestehen kann. Das Recht des Selbstmordes zerbricht allein an dem lebendigen Gott.

Abgesehen aber von allen äußeren Gründen gibt es eine Versuchung zum Selbstmord, die gerade den Glaubenden besonders befällt, eine Versuchung zum Missbrauch der von Gott gegebenen Freiheit gegen das eigene Leben. Der Hass gegen die Unvollkommenheiten des eigenen Lebens, die Erfahrung der Widerspenstigkeit des irdischen Lebens überhaupt gegen eine Erfüllung durch Gott, die daraus entspringende Traurigkeit und der Zweifel an jedem Lebenssinn überhaupt können in gefährliche Stunden führen. Luther hat davon viel zu sagen gewusst. Es gibt dann kein menschliches oder göttliches Gesetz, das die Tat zu verhindern vermöchte, sondern allein der Trost der Gnade Gottes und die Macht brüderlichen Gebetes kann in solcher Anfechtung helfen. Nicht das Recht auf Leben, sondern die Gnade, noch weiter zu leben dürfen unter Gottes Vergebung, vermag gegen diese Versuchung zum Selbstmord zu bestehen. Wer aber wollte sagen, dass Gottes Gnade nicht auch das Versagen unter dieser härtesten Anfechtung zu umfassen und zu tragen vermöchte?

Fortpflanzung und werdendes Leben

In dem Recht auf Erhaltung des leiblichen Lebens ist das Recht auf Fortpflanzung eingeschlossen. Da aber den Menschen im Unterschied zum Tier nicht einfach der dunkle unbewusste Trieb zur Erhaltung der allgemeinen Gattung beherrscht, sondern da in ihm der Trieb zur Fortpflanzung vielmehr als bewusster Wille zum eigenen Kind in Erscheinung tritt, für den Menschen mithin die Fortpflanzung nicht schlechthin eine gattungsmäßige Notwendigkeit, sondern eine persönliche Entscheidung ist, so kommt dem Menschen als Person auch ein Recht persönlicher Wahl des Ehegatten zu.Das bedeutet keineswegs, dass bei dieser Wahl ausschließlich individuelle Wünsche in Betracht kämen, aber es setzt allerdings die Einwilligung und das heißt die freie Entscheidung des Einzelnen bei der Eheschließung voraus. Das Verlangen nach dem eigenen Kind schließt das Recht der Wahl der Frau oder des Mannes ein, die Mutter oder Vater des Kindes werden sollen. In dieser eigenen Wahl vollzieht dann der Mensch zugleich seine gattungsmäßige Bestimmung der Fortpflanzung des menschlichen Geschlechtes. Bei der Eheschließung verbindet sich beim Menschen das Allerindividuellste mit dem Allgemeinsten unter Überspringung aller Zwischeninstanzen. Es geht hier um die auf freier Entscheidung des Einzelnen beruhende Vereinigung zweier Menschen als Menschen. Dieses Recht wird die menschliche Natur für sich in Anspruch nehmen, solange sie besteht. Die Verweigerung dieses Rechtes aus allerlei Gründen, die weder im ganz individuellen noch im allgemein Menschlichen liegen, wird sich angesichts der Kraft des natürlichen Lebens früher oder später immer wieder als erfolglos erweisen. Weder ständische noch ökonomische noch weltanschaulich-religiöse noch biologische Gründe können dem Menschen das Recht auf das eigene Kind und das heißt auf die Wahl des Ehegatten letztlich streitig machen. Niemals kann der menschliche Wille zur Fortpflanzung als rein ständische, ökonomische, religiöse, biologische Verpflichtung aufgefasst werden. Wohl mögen und müssen alle diese Gesichtspunkte bei der eigenen Wahl mit bedacht werden, aber die freie Entscheidung vermögen sie nicht aufzuheben. In der Ehe verbindet sich der Einzelne mit dem Einzelnen und der Mensch mit dem Menschen. Wirtschaftliche, konfessionelle, gesellschaftliche, völkische Bindungen sind mitbestimmend für die Entscheidung des Einzelnen, können diese aber weder aufheben noch vorwegnehmen. Der Grund hierfür liegt in der Tatsache, dass der Wille zum eigenen Kind beziehungsweise die freie Wahl des Gatten, und das heißt die menschliche Ehe, die älteste aller menschlichen Ordnungen ist und daher durch jene nicht bedingt werden kann.

Menschliche Ehe gibt es, bevor irgendwelche anderen Gliederungen der menschlichen Gemeinschaft sich ausgebildet haben. Ehe ist mit der Schöpfung der ersten Menschen gegeben. Ihr Recht ruht in den Anfängen der Menschheit.

Die Begrenzung des Rechtes der Eheschließung durch die Forderung der Zugehörigkeit beider Ehegatten zu einer bestimmten Konfession beziehungsweise die Kennzeichnung aller nicht konfessionell geschlossenen Ehen als Konkubinate, wie sie die römisch-katholische Lehre von der Ehe enthält, raubt der Ehe ihren wesentlich natürlichen Charakter und ihr natürliches Recht und macht sie aus einer Ordnung der Natur zu einer Ordnung der Gnade oder des Heils, ganz entsprechend einer völkisch-nationalen Begrenzung des Rechtes der Eheschließung, durch welche die Ehe unter Beraubung ihres allgemein menschlichen Rechtes zu einer rein völkischen Ordnung erklärt wird. In beiden Fällen wird der Reichtum der Ehe und damit der von Gott gewollten Fortpflanzung des menschlichen Geschlechtes willkürlich gemindert. Fremde Instanzen erheben den Anspruch auf Lenkung und Gestaltung der Nachkommenschaft, und sie lassen die Fülle der Schöpfung Gottes, die durch den Willen zum eigenen ehelichen Kind und nicht durch den Zwang zur Erzeugung eines bestimmten menschlichen Typs zur Entfaltung kommen will, verarmen und greifen damit in verhängnisvoller Weise in die natürliche Ordnung der Welt ein. In der besorgten Absicht, den kirchlichen beziehungsweise völkischen Nachwuchs sicherzustellen, und in sehr geringem Vertrauen auf natürliche Hemmungen und natürliche Wahl beraubt man sich freiwillig ungeahnter menschlicher Kräfte.

Ehen werden weder *durch* die Kirche noch *durch* den Staat geschlossen und empfangen auch nicht erst durch diese Institutionen ihr Recht. Die Eheschließung erfolgt vielmehr *durch* die beiden Ehegatten. Die Tatsache, dass die Ehe öffentlich *vor* dem Staat und *vor* der Kirche geschlossen wird, bedeutet nichts als die öffentliche staatliche und kirchliche Anerkennung der Ehe und der ihr innewohnenden Rechte. Das ist lutherische Lehre.

Wo nun faktisch kirchliche oder staatliche Beschränkungen des Rechtes auf Eheschließung bestehen, dort entsteht – unbeschadet der Gültigkeit des oben Gesagten – die allgemeine Frage der Gehorsamspflicht gegenüber den kirchlichen und staatlichen Autoritäten, eine Frage, die in unserem Zusammenhang noch nicht besprochen werden kann. Jedenfalls aber wird das Bestehen diesbezüglicher staatlicher Beschränkungen, wo sie nicht der Willkür entspringen, darauf aufmerksam machen, dass die natürlichen Hemmungen und die natürliche Wahl keine ausreichenden Garantien dafür geboten haben, dass nicht durch Verirrungen und Verfehlungen verhängnisvolle Schädigungen der Gemeinschaft eintraten. Das Natürliche erfährt hier seine gegebenenfalls notwendige Begrenzung und Regelung durch das positive staatliche Recht.

Mit der Eheschließung ist die Anerkennung des Rechtes des werdenden Lebens verbunden, als eines Rechtes, das nicht in der Verfügung der Eheleute steht. Ohne die grundsätzliche Anerkennung dieses Rechtes hört eine Ehe auf, Ehe zu sein und wird zum Verhältnis. In der Anerkennung aber ist der freien Schöpfermacht Gottes, der aus dieser Ehe neues

Leben hervorgehen lassen kann nach seinem Willen, Raum gegeben. Die Tötung der Frucht im Mutterleib ist Verletzung des dem werdenden Leben von Gott verliehenen Lebensrechtes. Die Erörterung der Frage, ob es sich hier schon um einen Menschen handele oder nicht, verwirrt nur die einfache Tatsache, dass Gott hier jedenfalls einen Menschen schaffen wollte und dass diesem werdenden Menschen vorsätzlich das Leben genommen worden ist. Das aber ist nichts anderes als Mord. Dass die Motive, die zu einer derartigen Tat führen, sehr verschiedene sind, ja, dass dort, wo es sich um eine Tat der Verzweiflung in höchster menschlicher oder wirtschaftlicher Verlassenheit und Not handelt, die Schuld oft mehr auf die Gemeinschaft als auf den Einzelnen fällt, dass schließlich gerade an diesem Punkt Geld sehr viel Leichtfertigkeit zu vertuschen vermag, während bei den Armen auch die schwer abgerungene Tat leichter ans Licht kommt, dies alles berührt unzweifelhaft das persönliche, seelsorgerliche Verhalten gegenüber dem Betroffenen ganz entscheidend, es vermag aber an dem Tatbestand des Mordes nichts zu ändern. Gerade die Mutter, der dieser Entschluss zum Verzweifeln schwer wird, weil er gegen ihre eigenste Natur geht, wird die Schwere der Schuld am wenigsten leugnen wollen.

Ein Eingriff gegen das Recht werdenden Lebens liegt aber auch dort vor, wo in einer Ehe grundsätzlich die Entstehung neuen Lebens verhindert wird, wo in einer Ehe grundsätzlich der Wille zum Kind ausgeschlossen wird. Im Unterschied zum Sinn der Ehe selbst und zu dem Segen, den Gott auf die Ehe gelegt hat durch die Geburt des Kindes, steht solche Grundhaltung. Allerdings ist von der grundsätzlichen Verweigerung der Nachkommenschaft in einer Ehe wohl zu unterscheiden die konkrete, verantwortliche Geburtenregelung. Eben weil es bei der menschlichen Fortpflanzung um den Willen zum eigenen Kind geht, wird nicht einfach der blinde Trieb sich ausleben dürfen und dann noch für sich besondere Gottwohlgefälligkeit in Anspruch nehmen können, sondern die verantwortliche Vernunft wird an dieser Entscheidung beteiligt sein. Es kann in der Tat gewichtige Gründe geben, die im konkreten Fall eine Begrenzung der Kinderzahl nahelegen können. Dass das Problem der Geburtenkontrolle gerade in den letzten hundert Jahren so brennend geworden ist und dass es von weitesten Kreisen aller Konfessionen im positiven Sinne gelöst wird, lässt sich nicht einfach als Abfall vom Glauben und Mangel an Gottvertrauen beurteilen, sondern hängt unzweifelhaft zusammen mit der zunehmenden Beherrschung der Natur durch die Technik auf allen Lebensgebieten und mit den nicht abzustreitenden Siegen, die die Technik im weitesten Sinn über Naturtatsachen davongetragen hat, zum Beispiel in der Verminderung der Kindersterblichkeit, in der bedeutenden Erhöhung des durchschnittlichen Lebensalters. Die Bevölkerungsziffer Europas ist trotz ständigen Geburtenrückganges absolut im Lauf der letzten 100 Jahre um ein Mehrfaches gestiegen. Der Rückgang der Kindersterblichkeit macht – unter dem Gesichtspunkt der Erhaltung der Gattung betrachtet – weniger Geburten notwendig, um die Erhaltung der Gattung zu gewährleisten. Wenn man dafür der Technik den Vorwurf macht, sie habe den Menschen derartig verwöhnt, dass er das Opfer einer großen Familie nicht mehr zu tragen gewillt sei, so darf man dabei nicht übersehen, dass gerade der technische Fortschritt das so überwältigend rasche Anwachsen der europäischen Menschheit erst ermöglicht hat. Diese Überlegung aber könnte dazu führen, in der heute weithin geübten Geburtenregelung so etwas wie eine natürliche Reaktion gegen das kaum mehr zu bewältigende Wachstum der europäischen Völker, also sozusagen eine natürliche Atempause der menschlichen Natur zu sehen. Diese allgemeine Betrachtung entbindet uns allerdings nicht von der Frage nach dem Recht der Geburtenkontrolle selbst. Grundsätzlich bestritten wird es durch die katholische Moraltheologie und folglich in der katholischen Beichtbelehrung. Dabei ergeben sich jedoch folgende Schwierigkeiten: Auch die katholische Moraltheologie gesteht die Möglichkeit des Falles zu, dass weitere Nachkommenschaft in einer Ehe vermieden werden sollte, wenngleich sie – und das mit Recht! – solche Fälle nur äußerst selten gelten lassen will. Es wäre also falsch, der katholischen Moraltheologie vorzuwerfen, sie ließe in diesen Dingen dem blinden Naturtrieb freien Lauf und schlösse die menschliche Verantwortlichkeit und Vernunft von jeder Mitwirkung auf diesem Gebiete aus. Die katholische Moral kennt nun aber zur Erreichung dieses Zweckes prinzipiell nur ein Mittel: die völlige Enthaltsamkeit. Damit aber untergräbt sie die leibliche Grundlage der Ehe, droht so die Ehe selbst aufzuheben und zu zerstören, indem sie ihr ein fundamentales Recht entzieht. Außerdem fordert sie damit für die meisten Unerfüllbares, und es ist schwer vorzustellen, dass die Reue im Beichtstuhl über derartige Verfehlung ganz aufrichtig mit dem Vorsatz verbunden sein kann, dieser Sünde für immer zu entsagen. Die katholische Moraltheologie begründet ihren Rigorismus mit der Widernatürlichkeit einer Handlung, durch die der natürliche Zweck der Ehe, nämlich die Fortpflanzung, vorsätzlich verhindert wird. Sie beschränkt zwar den Zweck der Ehe nicht, wie vielfach behauptet wird, auf die Fortpflanzung – das tut erst Kant! –, aber sie will den sekundären Zweck der Ehe, nämlich die Geschlechtsgemeinschaft, nicht in Widerspruch zu dem ersten Zwecke, der Fortpflanzung, treten lassen. So einleuchtend diese Beweisführung klingen mag, sie verwickelt sich doch in unlösbare Schwierigkeiten. Zwar wird die Widernatürlichkeit der Empfängnisverhütung beseitigt, dafür tritt aber die Widernatürlichkeit einer Ehe ohne leibliche Gemeinschaft an deren Stelle. Ferner, ob die Mitwirkung der verantwortlichen Vernunft in den Entschluss, von nun an auf Geschlechtsgemeinschaft zu verzichten oder in die Geschlechtsgemeinschaft selbst verlegt wird, macht prinzipiell keinen Unterschied in Bezug auf die Natürlichkeit der Handlung. Weder das unbegrenzte Ausleben des blinden Triebes noch die eheliche Enthaltsamkeit noch die Empfängnisverhütung lösen das hier gestellte Problem, und keine der genannten Möglichkeiten des Verhaltens hat vor der anderen prinzipiell etwas voraus. Es ist von größter Wichtigkeit, dass bei dieser Lage der Dinge die Gewissen nicht in falscher Weise beschwert und bedrängt werden. Gewiss kann es nötig sein, um des göttlichen Gebotes willen, auch das Härteste zu fordern. Aber so eindeutig ist der Tatbestand hier eben nicht. Es wird dafür der Freiheit des sich vor Gott verantwortenden Gewissens Raum zu geben sein. Jeder unechte Rigorismus kann gerade auf diesem Gebiet die verhängnisvollsten Folgen haben, vom Pharisäismus bis zur völligen Abkehr von Gott.

Man kommt in der Frage nicht darum herum um der Ganzheit der Ehe willen, ein von dem Recht auf Fortpflanzung unterschiedenes, wenn auch wesenhaft nie gänzlich von ihm zu trennendes, in der Liebe der Eheleute zueinander begründetes Recht auf volle leibliche Gemeinschaft anzuerkennen und zugleich zuzugeben, dass dieses Recht der Natur doch mit Vernunft wahrgenommen werden will, eben weil es ein menschliches Recht ist. Wie sich Natur und Vernunft im Einzelfall zueinander verhalten, wird nur im Einzelfall zu entscheiden und zu verantworten sein. Dass aber in der Anwendung der Mittel, die die Vernunft wählt, prinzipiell kein Unterschied ist, muss dann offen eingestanden werden. Es zeigt sich, dass es ein großes Glück ist, durch das auch viele innere Konflikte vermieden werden, wenn Natur und Vernunft so miteinander im Einklang stehen können, dass die ganze Problematik in einer Ehe unangerührt bleiben kann. Dass dieses Glück in der heutigen Generation nur relativ wenigen gewährt ist, ist eine Last, die wir verantwortlich zu tragen haben. Dass aber dieses Glück selbst dort, wo es gegeben wäre, misstrauisch in den Wind geschlagen wird, kann nicht mehr verantwortet werden. Dass schließlich der christliche Glaube sich dieses Glück durch Gnade zu erringen vermag, ist eine Erkenntnis, die hier nur auf spätere Ausführungen hinweisen kann.

Die radikalste Form der Verhütung unerwünschter Nachkommenschaft ist die freiwillige oder durch staatliches Gesetz erzwungene Sterilisation. Wer hier zu einer rechten Beurteilung kommen will, darf sich vor allem die Schwere und den Ernst dieses Eingriffs in das persönliche Leben nicht verbergen. Der Leib des Menschen hat in sich ein Recht auf Unantastbarkeit, weder ich selbst noch ein anderer kann ein absolutes Verfügungsrecht über die mir von Gott gegebenen Glieder meines Leibes in Anspruch nehmen. Gewiss darf ich ein erkranktes Glied meines Leibes um der Erhaltung des ganzen Leibes willen amputieren lassen. Hier also hätte die Unantastbarkeit des Leibes ihre Grenze. Tatsächlich kommt auch die Sterilisation nur bei Krankheitsfällen in Betracht; dagegen aber ist zu bedenken, dass die Sterilisation ja nicht erfolgt, um den ganzen Leib am Leben zu erhalten, sondern um gewisse leibliche Funktionen ohne Gefahr gefährlicher Folgen weiterhin zu ermöglichen. Würde auf die Ausübung dieser Funktionen Verzicht geleistet, so wäre die Sterilisation unnötig. Es entsteht also die Frage, ob um der Ermöglichung bestimmter unter einem starken physischen Drang stehender leiblicher Funktionen willen die Unantastbarkeit des eigenen Leibes außer Kraft gesetzt wird. Auf diese Frage kann nicht eindeutig geantwortet werden. Dort wo die Stärke des leiblichen Triebes so stark ist, dass er nach gewissenhafter Selbstbeurteilung des Einzelnen das eigene und fremdes Leben gefährden würde, wird der Eingriff der Sterilisation um der Erhaltung des ganzen Lebens willen das geringere Übel sein. Dort wo Selbstbeherrschung erfahrungsgemäß möglich ist, wird der freiwillige Eingriff unerlaubt sein. In beiden Fällen geschieht etwas gegen das natürliche Recht auf Fortpflanzung und gegen das Recht werdenden Lebens. Der Grund hierfür aber liegt in diesem Fall in der Störung der Natur durch die Krankheit.

Die staatlich erzwungene Sterilisation leitet ihr Recht aus der Notwendigkeit der Erhaltung des allgemeinen völkischen Lebens und aus dem – vom Staat aus gesehen – berechtigten Misstrauen gegen die Möglichkeit enthaltsamen Lebens her. Unzweifelhaft bedeutet sie einen schweren Eingriff in das Recht des Menschen auf die Unantastbarkeit seines Leibes, und die Gefahr, dass dort, wo diese Grenze, vielleicht in letzter Verantwortung, einmal überschritten ist, alsbald alle Grenzen, die mit der leiblichen Unantastbarkeit des Menschen gegeben sind, fallen, ist überwältigend groß. Dass der Staat den Leib des Menschen auch zum Beispiel im Kriege in Anspruch nimmt, ist zwar ein Hinweis auf die Grenzen der leiblichen Unantastbarkeit, bleibt jedoch von der Sterilisation darin unterschieden, dass im Krieg kein direkter Eingriff in das leibliche Leben des Menschen stattfindet und dass hier zweitens ein Akt der Notwehr vorliegt. Dagegen lassen sich zur Verhütung unerwünschter Nachkommenschaft auch andere Wege einschlagen, etwa die Internierung des Kranken, die den direkten leiblichen Eingriff umgehen. Dass damit größere wirtschaftliche Opfer verbunden sind, wird man vielleicht dort in Kauf nehmen, wo man die Gefahren der Grenzüberschreitung für den Einzelnen und das Ganze klar im Auge behält. Wo freilich eine staatliche Sterilisationsgesetzgebung vorliegt, dort wird die Einstellung des Kranken und des Arztes von der Gehorsamspflicht gegenüber der Obrigkeit abhängen, eine Frage, die wiederum in diesem Zusammenhang noch nicht erörtert werden kann.

Die Grenze aller dieser Überlegungen ist erreicht vor dem Worte Jesu: „Ärgert dich aber dein rechtes Auge, so reiß es aus und wirf's von dir. Es ist dir besser, dass eins deiner Glieder verderbe und nicht der ganze Leib in die Hölle geworfen werde.“ Von der hier verkündigten Aufhebung aller natürlichen Rechte im Glauben an das Himmelreich werden wir erst später zu sprechen haben.

Freiheit des leiblichen Lebens

Zur Erhaltung des leiblichen Lebens gehört der Schutz vor willkürlicher Antastung der Freiheit des Leibes. Niemals wird der menschliche Leib einfach zu einem Ding, das in die uneingeschränkte Gewalt eines anderen Menschen geraten und von ihm ausschließlich als Mittel zu seinen Zwecken gebraucht werden dürfte. Der lebendige menschliche Leib ist immer der Mensch selbst. Vergewaltigung, Ausbeutung, Peinigung, willkürliche Beraubung der Freiheit des menschlichen Leibes sind schwere Eingriffe in das mit der Schöpfung dem Menschen verliehene Recht, die außerdem wie alle Eingriffe in das natürliche Leben früher oder später ihre Strafe nach sich ziehen.

Vergewaltigung ist der durch unrechtmäßige Gewalt erzwungene Gebrauch eines fremden Leibes zu eigenen Zwecken, insbesondere auf geschlechtlichem Gebiet. Ihr gegenüber steht das Recht des Menschen, seinen Leib und insbesondere seine Geschlechtlichkeit in Freiheit zu geben oder zu versagen. Während der Einsatz der leiblichen Kräfte zur Arbeitsleistung um des gemeinsamen Wohles willen unter besonderen Umständen auch unter Zwang gefordert werden kann, bleibt die Geschlechtlichkeit des Menschen jedem Zwang entzogen. Der Versuch, bestimmte Ehen oder geschlechtliche Verbindungen aus irgendeinem Grunde zu erzwingen, verletzt und beleidigt die leibliche Freiheit des Menschen und gerät mit jener Grundtatsache des geschlechtlichen Lebens in Konflikt, die die Grenze für jeden fremden Eingriff in natürlicher Abwehr darstellt: mit dem Schamgefühl. Im natürlichen Schamgefühl drückt sich die wesentliche Freiheit des menschlichen Leibes in geschlechtlicher Hinsicht aus. Die Zerstörung des Schamgefühls aber bedeutet Auflösung jeder geschlechtlichen und ehelichen Ordnung, ja, jeder gemeinschaftlichen Ordnung überhaupt. Gewiss sind die Formen des Schamgefühls verschieden und bildsam. Sein unveränderliches Wesen aber, das im Natürlichen begründet ist, ist die Wahrung der Freiheit des menschlichen Leibes gegenüber jeder Form der Vergewaltigung. Diese Freiheit hütet das Geheimnis der menschlichen Leiblichkeit.

Von Ausbeutung des menschlichen Leibes sprechen wir dort, wo die leiblichen Kräfte eines Menschen zum unbeschränkten Eigentum eines anderen Menschen oder einer Institution gemacht werden. Diesen Tatbestand nennen wir Versklavung des Menschen. Damit ist aber nicht einfach die Einrichtung der Sklaverei in der Antike gemeint. Es gibt historische Formen der Sklaverei, die die wesentliche Freiheit des Menschen besser wahrten als gewisse soziale Einrichtungen, in denen zwar der Begriff der Sklaverei verpönt ist, in Wirklichkeit aber völlige Versklavung des als frei bezeichneten Menschen vorliegt. Insofern ist die Haltung vieler Kirchenväter und auch des Thomas von Aquin verständlich und berechtigt, wenn sie nicht den Namen, sondern den Tatbestand der Sklaverei verurteilen. Dieser aber liegt dort vor, wo der Mensch tatsächlich zum Ding in der Gewalt eines andern, wo er ausschließlich Mittel zum Zweck eines anderen Menschen geworden ist. Diese Gefahr besteht immer dort, wo ein Mensch weder die Freiheit hat der Wahl seines Arbeitsplatzes noch die Möglichkeit, seinen Arbeitsplatz mit einem anderen zu vertauschen noch auch das Maß seiner Arbeitsleistung zu bestimmen. Hier kommt es zu einer unbeschränkten Ausnutzung der leiblichen Kräfte des Arbeiters, die höchstens die Grenze der Erhaltung des Nutzwertes der Arbeitskraft des andern, gelegentlich aber aus bestimmten Gründen selbst diese Grenze nicht einhält, und so zur völligen Erschöpfung führt. Damit wird dem Menschen seine Leibeskraft geraubt, sein Leib wird ganz zum Objekt der Ausbeutung des Stärkeren. Die Freiheit des menschlichen Leibes ist zerstört.

Die Peinigung des Leibes ist zu unterscheiden von der leiblichen Züchtigung, deren Ziel Erziehung des geistig Unmündigen zur Selbständigkeit ist, ebenso von jener vergeltenden Strafe, durch die der [eines] gemeinen Verbrechens am fremden Leibe Schuldige durch Antastung seines Leibes seiner Ehrlosigkeit überführt werden soll. Unter Peinigung des Leibes verstehen wir die willkürliche und rohe Zufügung leiblicher Schmerzen unter Ausnutzung gegebener Machtverhältnisse im Allgemeinen und insbesondere zum Zwecke der Erpressung erwünschter Geständnisse oder Aussagen. Hier wird der Leib ausschließlich als Mittel zur Erreichung fremder Zwecke, also etwa zur Befriedigung von Machtlust oder zur Erzielung bestimmter Kenntnisse, missbraucht und damit entehrt. Die Schmerzempfindlichkeit des unschuldigen Leibes wird in quälerischer Weise ausgenutzt. Ganz abgesehen davon, dass die Folterung meist ein ungeeignetes Mittel zur Aufdeckung der Wahrheit ist – was ja nur dort mit Beachtung rechnen könnte, wo die Wahrheit wirklich gesucht würde – bedeutet jede leibliche Peinigung die tiefste Entehrung des Menschen; sie erzeugt darum einen tiefen Hass und den natürlichen leiblichen Drang, die verletzte Ehre unter Anwendung leiblicher Gewalt wiederherzustellen. Leibliche Entehrung sucht leibliche Vergeltung an dem ehrlosen Peiniger. Insofern zerstört die Verletzung der leiblichen Freiheit des Menschen auch hier die Grundlagen der Gemeinschaft.

Willkürliche Beraubung der Freiheit durch Gefangennahme Wehrloser und Unschuldiger (zum Beispiel die Jagden auf afrikanische Neger, die als Sklaven nach Amerika transportiert wurden, (Kongo?), oder durch Verhaftung, ist Verletzung der mit dem menschlichen Leibe gegebenen Freiheit. Indem der Mensch gewaltsam und ohne Recht von seiner Wohnung, seiner Arbeit, seiner Familie getrennt wird, wird ihm die Ausübung aller leiblichen Rechte entzogen, und indem er wie ein Schuldiger behandelt wird, wird ihm die mit der leiblichen Freiheit verbundene Ehre genommen. Wo aber dem Unschuldigen Freiheit und Ehre geraubt werden, dort muss zugleich der Schuldige straffrei und in öffentlichen Ehren bleiben. Das aber bedeutet die Untergrabung aller gemeinschaftlichen Ordnung und muss die Wiederherstellung der Rechte des natürlichen Lebens früher oder später notwendig zur Folge haben.

Die natürlichen Rechte des geistigen Lebens

Es gibt drei fundamentale Verhaltensweisen des geistigen Lebens zur Wirklichkeit: das Urteilen, das Handeln, das Genießen. In ihnen tritt der Mensch der Wirklichkeit, der er selbst angehört, in Freiheit gegenüber und erweist darin sein Menschsein.

Die Geschichte und das Gute

Einführung

Wenn Bonhoeffer in seiner Ethik von verantwortlichem Leben spricht, so meint er damit ein an den göttlichen Mandaten ausgerichtetes Leben.[24] *Es zeichnet sich durch drei Kriterien aus: durch Stellvertretung, Wirklichkeitsgemäßheit und Schuldübernahme.*[25]

Jeder Mensch ist dazu berufen, stellvertretend für andere zu wirken. Das zeigt sich schon an den normalen Herausforderungen, die das Handeln eines Vaters gegenüber seinen Kindern kennzeichnen: Er arbeitet für sie, er sorgt für sie, er tritt für sie ein, er kämpft für sie und leidet für sie (vgl. 147/257). *Bonhoeffers christologische Interpretation des stellvertretenden Handelns leuchtet unmittelbar ein: „Weil Jesus, – das Leben, unser Leben, – als der Menschgewordene (sic!) Sohn Gottes stellvertretend für uns gelebt hat, darum ist alles menschliche Leben durch ihn wesentlich stellvertretendes Leben“* (148/257). *Bonhoeffer hat diesen Gedanken auf das Engagement im Widerstand gegen Hitler angewandt: Stellvertretend für andere übernahmen die Verschwörer Verantwortung für Deutschlands Geschick. Stellvertretend für seine Mitverschwörer fragte Bonhoeffer nach der theologischen Begründung ihres Tuns. Das hat ihm und den anderen ermöglicht, in der Konspiration gegen Hitler ihre ganze Kraft einzusetzen.*

Was versteht Bonhoeffer unter dem Gedanken der „Wirklichkeitsgemäßheit“? Wirklichkeitsgemäß meint, dass es keine Prinzipien gibt, nach denen verantwortliches Handeln ein für alle Mal feststünde. „Der Verantwortliche ist an den konkreten Nächsten in seiner konkreten Wirklichkeit gewiesen. Sein Verhalten liegt nicht von vornherein und ein für alle Mal, also prinzipiell fest, sondern es entsteht mit der gegebenen Situation. Er hat kein absolut gültiges Prinzip zur Verfügung, das er fanatisch gegen jeden Widerstand der Wirklichkeit durchzuführen hätte, sondern er sucht das in der gegebenen Situation Notwendige, ‚Gebotene' zu erfassen und zu tun" (150/260). *Mit diesen Überlegungen verhilft Bonhoeffer der jeweiligen Situation bei ethischen Entscheidungen zu ihrem Recht. Allerdings unterscheidet sich sein Ansatz von einer reinen Situationsethik dadurch, dass die Situation bei der ethischen Urteilsfindung nur ein Kriterium unter anderen darstellt. „Die gegebene Situation für den Verantwortlichen ist nicht einfach der Stoff, dem er seine Idee, sein Programm aufzwingen, aufprägen wollte, sondern sie wird als die Tat mitgestaltend in das Handeln miteinbezogen"* (150/260).

Auch die Wirklichkeitsgemäßheit verantwortlichen Handelns wird von Bonhoeffer christologisch begründet. Wirklichkeitsgemäß ist ein Handeln nur dann, wenn es „mit der Welt als Welt rechnet und doch niemals aus den Augen lässt, dass die Welt in Jesus Christus von Gott geliebt, gerichtet und versöhnt ist" (153/263). *Außerdem gilt: Wirklichkeitsgemäß ist verantwortliches Handeln, wenn es „in der Begrenzung durch unsere Geschöpflichkeit steht"* (156/267). *Warum? „Weil Gott in Christus Mensch wurde, weil er zum Menschen Ja sagte und weil wir als Menschen, in menschlicher Begrenztheit des Urteils, der Erkenntnis vor Gott und dem Nächsten leben und handeln dürfen und sollen"* (156f./268). *Unverantwortliches Handeln offenbart sich gerade dadurch, dass es diese Grenzen missachtet* (vgl. 157/269).

Warum das Kriterium der Wirklichkeitsgemäßheit für verantwortliches Handeln unverzichtbar ist, wird wiederum erst auf dem Hintergrund des nationalsozialistischen Staates besonders deutlich: Alle vorgegebenen bürgerlichen Moralvorstellungen und Tugenden versagten angesichts des Nazi-Unrechts. Angesichts sich permanent verändernder Umstände konnten Einzelne nur aus freier Verantwortung für das eigene Tun dem staatlichen Unrechtshandeln Widerstand leisten.

Im Zusammenhang mit dem verantwortlichen Handeln ist schließlich noch ein drittes Kriterium wichtig: Verantwortliches Handeln kommt nicht ohne Schuldübernahme aus (vgl. 163–171/275–283). *Der Gedanke der „Schuldübernahme" gewann besonders im Hinblick auf ein mögliches Attentat auf Hitler, aber auch schon im Vorfeld im Hinblick auf die konspirativen Methoden große Bedeutung. Es war für die Männer des 20. Juli ein schweres Gewissensproblem, in ihrem Widerstand gegen Hitler ständig an den Geboten Gottes schuldig zu werden. In seinem „Rechenschaftsbericht nach 10 Jahren" brachte Bonhoeffer dieses Dilemma eindrucksvoll zum Ausdruck: „Wir sind stumme Zeugen böser Taten gewesen, wir sind mit vielen Wassern gewaschen, wir haben die Künste der Verstellung und der mehrdeutigen Rede gelernt, wir sind durch Erfahrung misstrauisch gegen die Menschen geworden und mussten ihnen die Wahrheit und das freie Wort oft schuldig bleiben, wir sind durch unerträgliche Konflikte mürbe oder vielleicht sogar zynisch geworden – sind wir noch brauchbar?"*[26] *Trotzdem gab es für die Männer des Widerstands keine andere Möglichkeit, als schuldig zu werden, wenn sie verantwortlich handeln wollten. Die Lösung des Dilemmas, die Bonhoeffer vorschlägt, sieht folgendermaßen aus: Er war überzeugt, dass die Gültigkeit der Gebote Gottes unter allen Umständen bestehen bleibt. Es kann keine menschliche Entschuldigung für das Übertreten der Gebote geben. Lügen und falsches Zeugnis im Rahmen der Verschwörung bzw. ein Mord an Hitler widersprach den Geboten Gottes. Derjenige, der die Gebote übertrat, wurde auf jeden Fall vor Gott schuldig. Schuldübernahme im Rahmen verantwortlichen Handelns ist dabei nur im Eingeständnis der Schuld und in der gleichzeitigen Hoffnung auf Gottes Vergebung möglich. „Wer in Verantwortung Schuld auf sich nimmt – und kein Verantwortlicher kann dem entgehen –, der rechnet sich selbst und keinem anderen diese Schuld zu und steht für sie ein, verantwortet sie. […] Vor den anderen Menschen rechtfertigt den Mann der freien Verantwortung die Not, vor sich selbst spricht ihn sein Gewissen frei, aber vor Gott hofft er allein auf Gnade"* (170f./283).

Auch diesen Gedanken begründet Bonhoeffer christologisch, nämlich vom Tun Jesu Christi her: Christus hat als der Sündlose am Kreuz die Schuld seiner Brüder und Schwestern auf sich genommen und sich gerade unter der Last dieser Schuld als der Sündlose erwiesen. Verantwortliches Handeln besteht darin, in Freiheit das Richtige zu tun – auch wenn es dabei nicht ohne Schuld abgehen kann. Dies aber in der Hoffnung auf die Zusage der Vergebung und auf die Rechtfertigung durch Jesus Christus. Es handelt sich bei der Hoffnung auf Vergebung also nicht um ein abstraktes Prinzip entsprechend dem Motto, dass der Zweck die Mittel heiligt.

Die Struktur des verantwortlichen Lebens

Die Struktur des verantwortlichen Lebens ist durch ein Doppeltes bestimmt: durch die Bindung des Lebens an Mensch und Gott und durch die Freiheit des eigenen Lebens. Es ist diese Bindung des Lebens an Mensch und Gott, die es in die Freiheit eigenen Lebens stellt. Ohne diese Bindung und ohne diese Freiheit gibt es keine Verantwortung. Nur das in der Bindung selbstlos gewordene Leben steht in der Freiheit eigensten Lebens und Handelns. Die *Bindung* trägt die Gestalt der *Stellvertretung* und der *Wirklichkeitsgemäßheit*, die

Freiheit erweist sich in der *Selbstzurechnung* des Lebens und Handelns und im *Wagnis* der konkreten Entscheidung. Damit ist die Disposition angegeben, unter der wir die Struktur des verantwortlichen Lebens zu betrachten haben.

Dass Verantwortung auf Stellvertretung beruht, geht am deutlichsten aus jenen Verhältnissen hervor, in denen der Mensch unmittelbar genötigt ist, an der Stelle anderer Menschen zu handeln, also etwa als Vater, als Staatsmann, als Lehrmeister. Der Vater handelt an der Stelle der Kinder, indem er für sie arbeitet, für sie sorgt, eintritt, kämpft, leidet. Er tritt damit real an ihre Stelle. Er ist nicht ein isolierter Einzelner, sondern er vereinigt in sich das Ich mehrerer Menschen. Jeder Versuch zu leben als wäre er allein, ist eine Leugnung der Tatsächlichkeit seiner Verantwortlichkeit. Entgehen kann er der durch seine Vaterschaft gegebenen Verantwortlichkeit nicht. An dieser Wirklichkeit scheitert die Fiktion, als sei das Subjekt alles ethischen Verhaltens der isolierte Einzelne. Nicht er, sondern der Verantwortliche ist das Subjekt, auf das sich die ethische Besinnung zu richten hat. Dabei macht es keinen Unterschied, in welchem Umfang Verantwortung getragen wird, ob für einen einzelnen Menschen, ob für eine Gemeinschaft oder für ganze Gemeinschaftsgruppen. Kein Mensch, der der Verantwortung und das heißt der Stellvertretung überhaupt entgehen könnte. Selbst der Einsame lebt stellvertretend, ja er in qualifizierter Weise, da sein Leben stellvertretend für den Menschen schlechthin, für die Menschheit, gelebt wird. Der Begriff einer Verantwortung für sich selbst ist ja auch nur insofern sinnvoll, als er eben die Verantwortung meint, die ich mir als Mensch – also weil ich Mensch bin – gegenüber wahrnehme. Selbstverantwortung ist in Wahrheit Verantwortung gegenüber dem Menschen und das heißt der Menschheit. Dass Jesus ohne die besondere Verantwortlichkeit einer Ehe, einer Familie, eines Berufes lebte, stellt ihn keineswegs aus dem

Bereich der Verantwortlichkeit heraus, sondern macht seine Verantwortung und seine Stellvertretung für alle Menschen nur umso deutlicher. Damit aber rühren wir bereits an den tragenden Grund alles bisher Gesagten. Weil Jesus – das Leben, unser Leben, – als der menschgewordene Sohn Gottes stellvertretend für uns gelebt hat, darum ist alles menschliche Leben durch ihn wesentlich stellvertretendes Leben. Jesus war nicht der Einzelne, der zu einer eigenen Vollkommenheit gelangen wollte, sondern er lebte nur als der, der in sich das Ich aller Menschen aufgenommen hat und trägt. Sein gesamtes Leben, Handeln und Leiden war Stellvertretung. Was die Menschen leben, handeln und leiden sollten, erfüllte sich an ihm. In dieser realen Stellvertretung, die seine menschliche Existenz ausmacht, ist er der Verantwortliche schlechthin. Weil er das Leben ist, ist durch ihn alles Leben zur Stellvertretung bestimmt. Ob es sich auch dagegen wehrt, so bleibt es doch stellvertretend, zum Leben oder zum Tode, wie der Vater Vater bleibt, zum Guten oder zum Bösen.

Stellvertretung und also Verantwortlichkeit gibt es nur in der vollkommenen Hingabe des eigenen Lebens an den anderen Menschen. Nur der Selbstlose lebt verantwortlich und das heißt, nur der Selbstlose *lebt.* Wo das göttliche Ja und Nein im Menschen eins werden, dort wird verantwortlich gelebt. Die Selbstlosigkeit in der Verantwortung ist eine so restlose, dass hier das Goethesche Wort von dem Handelnden, der immer gewissenlos ist, seinen rechten Ort bekommt. Ein Missbrauch des stellvertretenden Lebens droht von zwei Seiten: durch die Absolutsetzung des eigenen Ich wie durch die Absolutsetzung des anderen Menschen. Im ersten Fall führt das Verhältnis der Verantwortung zu Vergewaltigung und Tyrannei. Dabei ist verkannt, dass nur der Selbstlose verantwortlich handeln kann. Im zweiten Fall wird das Wohl des anderen Menschen, dem ich verantwortlich bin, unter Missachtung aller anderen Verantwortlichkeiten absolut gesetzt, und es entsteht eine Willkür des Handelns, die der Verantwortung vor Gott, der in Jesus Christus aller Menschen Gott ist, spottet. In beiden Fällen ist Ursprung, Wesen und Ziel des verantwortlichen Lebens in Jesus Christus geleugnet und die Verantwortung zu einem selbst gemachten abstrakten Götzen geworden.

Als stellvertretendes Leben und Handeln ist Verantwortung wesentlich ein Verhältnis von Mensch zu Mensch. Christus wurde Mensch und trug damit stellvertretende Verantwortung für Menschen. Es gibt auch eine Verantwortung für Dinge, Zustände, Werte, aber doch nur unter der strengen Wahrung der ursprünglichen, wesenhaften und zielhaften Bestimmung aller Dinge, Zustände, Werte durch Christus (Joh 1,4), den menschgewordenen Gott. Durch Christus erhält die Welt der Dinge und Werte ihre schöpfungsgemäße Ausrichtung auf den Menschen zurück. Die oft gehörte Rede von der Verantwortung für eine Sache hat ihr Recht nur innerhalb dieser Grenze. Darüber hinaus dient sie in gefährlicher Weise jener Verkehrung allen Lebens, die in der Herrschaft der Dinge über den Menschen besteht. Es gibt eine Hingabe an die Sache der Wahrheit, des Guten, des Gerechten, des Schönen, in der die Frage nach der Nutzanwendung eine Profanierung wäre, und die es doch selbst evident macht, dass die höchsten Werte dem Menschen dienen müssen. Es gibt aber auch eine Vergottung aller dieser Werte, die nichts mehr mit Verantwortung zu tun hat, sondern die aus einer Besessenheit herkommt, die den Menschen zerstört, indem sie ihn dem Götzen aufopfert. Nicht der Nutzen der Sache für den Menschen und also der Missbrauch ihres Wesens, sondern ihre wesenhafte Ausrichtung auf den Menschen ist unter „Verantwortung für eine Sache“ zu verstehen. Es ist also der banausische Pragmatismus gänzlich ausgeschlossen, der – mit den Worten Schillers – aus der Göttin eine melkende Kuh macht, indem er das in sich Wertvolle in kurzsichtiger, direkter Weise dem menschlichen Nutzen unterordnet. Aber die Welt der Dinge erfährt erst ihre volle Freiheit und Tiefe, wenn sie in ihrer ursprünglichen, wesenhaften und zielhaften Richtung auf die Welt der Personen erfasst wird; denn es harret – um mit Paulus zu reden – die ganze Kreatur sehnsüchtig auf das Offenbarwerden der Herrlichkeit der Kinder Gottes, ja, sie selbst, die Kreatur, wird von der Knechtschaft der Vergänglichkeit (die ja auch in ihrem falschen Sichvergotten besteht) befreit werden zur Teilnahme an der herrlichen Freiheit der Kinder Gottes (Röm 8,19.21).

Der Verantwortliche ist an den konkreten Nächsten in seiner konkreten Wirklichkeit gewiesen. Sein Verhalten liegt nicht von vornherein und ein für alle Mal, also prinzipiell, fest, sondern es entsteht mit der gegebenen Situation. Er hat kein absolut gültiges Prinzip zur Verfügung, das er fanatisch gegen jeden Widerstand der Wirklichkeit durchzuführen hätte, sondern er sucht das in der gegebenen Situation Notwendige, „Gebotene“, zu erfassen und zu tun. Die gegebene Situation für den Verantwortlichen ist nicht einfach der Stoff, dem er seine Idee, sein Programm aufzwingen, aufprägen wollte, sondern sie wird als die Tat mitgestaltend in das Handeln mit einbezogen. Nicht ein „absolut Gutes“ soll verwirklicht werden, vielmehr gehört es zu der Selbstbescheidung des verantwortlich Handelnden, ein relativ Besseres dem relativ Schlechteren vorzuziehen und zu erkennen, dass das „absolut Gute“ gerade das Schlechteste sein kann. Der Verantwortliche hat der Wirklichkeit nicht ein fremdes Gesetz aufzuzwingen, vielmehr ist das Handeln des Verantwortlichen im echten Sinne *„wirklichkeitsgemäß“*.

Dieser Begriff des Wirklichkeitsgemäßen bedarf allerdings der näheren Bestimmung. Gänzlich und gefährlich missverstanden wäre er als jene „servile Gesinnung vor dem Faktum“, von der Nietzsche spricht, die jeweils dem stärkeren Druck weicht, die den Erfolg prinzipiell rechtfertigt und das jeweils Opportune als das Wirklichkeitsgemäße wählte. „Wirklichkeitsgemäßheit“ in diesem Sinne wäre das Gegenteil von Verantwortlichkeit, nämlich Verantwortungslosigkeit. Ebenso wenig allerdings wie die Servilität gegenüber dem Faktischen kann prinzipieller Widerspruch, die prinzipielle Auflehnung gegen das Faktische im Namen irgendeiner höheren idealen Wirklichkeit, den echten Sinn der Wirklichkeitsgemäßheit erfüllen. Beide Extreme sind vom Wesen der Sache gleich weit entfernt. Anerkennung des Faktischen und Widerspruch gegen das Faktische sind im echten wirklichkeitsgemäßen Handeln unlösbar miteinander verbunden. Das hat seinen Grund darin, dass *die Wirklichkeit* zuerst und zuletzt nicht ein Neutrum, sondern *der Wirkliche,* nämlich der menschgewordene Gott ist. Alles Faktische erfährt von *dem* Wirklichen, dessen Name Jesus Christus heißt, seine letzte Begründung und seine letzte Aufhebung, seine Rechtfertigung und seinen letzten Widerspruch, sein letztes Ja und sein letztes Nein. Die Wirklichkeit ohne den Wirklichen verstehen zu wollen, bedeutet in einer Abstraktion leben, der der Verantwortliche niemals verfallen darf, bedeutet Vorbeileben an der Wirklichkeit, bedeutet endloses Schwanken zwischen den Extremen der Servilität und der Auflehnung gegenüber dem Faktischen. Gott wurde Mensch, er nahm den Menschen leibhaftig an und versöhnte so die Welt des Menschen mit Gott. Die Bejahung des Menschen und seiner Wirklichkeit geschah aufgrund der Annahme, nicht umgekehrt. Nicht weil der Mensch und seine Wirklichkeit der göttlichen Bejahung würdig gewesen wäre, hat Gott ihn angenommen, wurde Gott Mensch, sondern weil der Mensch und seine Wirklichkeit des göttlichen Neins würdig war, darum nahm ihn Gott an und bejahte ihn, indem er selbst leibhaftig Mensch wurde und so den Fluch des göttlichen Neins über das menschliche Wesen selbst auf sich nahm und erlitt. Von diesem Handeln Gottes her, von dem Wirklichen, von

Jesus Christus her, empfängt nun die Wirklichkeit ihr Ja und ihr Nein, ihr Recht und ihre Schranke. Bejahung und Widerspruch verbinden sich nun im konkreten Handeln dessen, der den Wirklichen erkannt hat. Weder Bejahung noch Widerspruch kommen nun aus einer wirklichkeitsfremden Welt, einer Programmatik des Opportunen oder des Ideellen, sondern sie kommen aus der Wirklichkeit der Versöhnung der Welt mit Gott, wie sie in Christus geschehen ist. Weil in Jesus Christus, dem Wirklichen, die ganze Wirklichkeit aufgenommen und zusammengefasst ist, weil sie ihn zum Ursprung, Wesen und Ziel hat, darum ist nur in ihm und von ihm aus ein wirklichkeitsgemäßes Handeln möglich. Weder der pseudolutherische Christus, der allein dazu da ist, das Faktische zu sanktionieren, noch der radikal schwärmerische Christus, der jeden Umsturz segnen soll, sondern der menschgewordene Gott Jesus Christus, der den Menschen angenommen und mit ihm die Welt geliebt, gerichtet und versöhnt hat, ist der Ursprung wirklichkeitsgemäßen Handelns.

Daraus ergibt sich uns der Satz, dass christusgemäßes Handeln wirklichkeitsgemäßes Handeln ist. Dieser Satz ist keine ideale Forderung, sondern eine Aussage, die aus der Erkenntnis der Wirklichkeit selbst entspringt. Jesus Christus tritt nicht als ein Wirklichkeitsfremder der Wirklichkeit gegenüber, sondern er ist es, der allein das Wesen des Wirklichen am eigenen Leibe trug und erfuhr, der aus dem Wirklichen heraus redete wie kein Mensch auf Erden, der als einziger keiner Ideologie verfallen ist, sondern *der* Wirkliche schlechthin ist, der das Wesen der Geschichte in sich getragen und erfüllt hat und in dem das Lebensgesetz der Geschichte verkörpert ist. Weil er als der Wirkliche Ursprung, Wesen und Ziel alles Wirklichen ist, darum ist er selbst der Herr und das Gesetz des Wirklichen. Das Wort [urspr. „Die Worte“] Jesu Christi ist also die Auslegung seiner Existenz und damit die Auslegung jener Wirklichkeit, in der die Geschichte zu ihrer Erfüllung kommt. Sie sind göttliches Gebot für das verantwortliche Handeln in der Geschichte, insofern als sie die in Christus erfüllte Wirklichkeit der Geschichte, die in Christus allein erfüllte Verantwortung für den Menschen, sind. Sie gelten also nicht in einer abstrakten Ethik – dort sind sie völlig unverständlich und führen zu nie zu lösenden Konflikten –, sondern sie gelten in der Wirklichkeit der Geschichte, weil sie aus ihr herkommen. Jeder Versuch, sie aus diesem Ursprung zu lösen, verzerrt sie zu einer schwachen Ideologie und raubt ihnen ihre wirklichkeitsbezwingende Macht, die sie in der Verbindung mit ihrem Ursprung haben.

Wirklichkeitsgemäß ist das christusgemäße Handeln, weil es die Welt Welt sein lässt, weil es mit der Welt als Welt rechnet und doch niemals aus den Augen lässt, dass die Welt in Jesus Christus von Gott geliebt, gerichtet und versöhnt ist. Damit wird nicht ein „weltliches Prinzip" einem „christlichen Prinzip" gegenübergestellt. Dieses Bemühen vielmehr, Christus und die Welt wenigstens unter dem Begriff eines Prinzips kommensurabel zu machen und auf diese Weise ein christliches Handeln in der Welt prinzipiell zu ermöglichen, führt in den Gestalten des Säkularismus beziehungsweise der Lehre von den „Eigengesetzlichkeiten" auf der einen Seite und des Schwärmertums auf der anderen Seite zur Zertrümmerung der in Christus mit Gott versöhnten Welt, es führt zu jenen ewigen Konflikten, die den Urstoff alles Tragischen ausmachen und gerade damit die ganz und gar nicht tragische Einheit des christlichen Lebens und Handelns zerstören. Wo ein weltliches und ein christliches Prinzip einander gegenübergestellt werden, dort gilt als die letzte Wirklichkeit das Gesetz – oder vielmehr eine Mehrzahl von miteinander unversöhnlichen Gesetzen. Es macht das Wesen der griechischen Tragödie aus, dass der Mensch an dem Zusammenprall unvereinbarer Gesetze zugrunde geht. Kreon und Antigone, Jason und Medea, Agamemnon und

Klytemnästra stehen ja unter dem Anspruch zweier ewiger Gesetze, die in einem und demselben Leben nicht versöhnt werden können; den Gehorsam gegen das eine Gesetz bezahlt man mit der Schuld am anderen. Nicht dass einer gegen den anderen recht behält, sondern dass beide vor dem Leben selbst schuldig werden, dass die Struktur des Lebens Schuldigwerden an den Gesetzen der Götter ist, das ist der Sinn aller echten Tragödien. Von dieser tiefsten Erkenntnis, die die Antike errungen hat, ist das abendländische Denken besonders seit der Renaissance so entscheidend bestimmt – in der Frühzeit der Kirche und im Mittelalter gibt es keine Tragödien – dass die Überwindung dieser Erkenntnis durch die christliche Botschaft nur ganz selten gespürt worden ist, und jedenfalls steht das Pathos des Tragischen, unter dem auch die neuere protestantische Ethik den unlösbaren Konflikt des Christen in der Welt darstellt und mit dem sie letzte Wirklichkeiten auszusprechen beansprucht, noch ganz im Banne des antiken Erbes, ohne sich dessen bewusst zu sein. Es ist nicht Luther, sondern Aischylos, Sophokles und Euripides, der dem menschlichen Leben diesen tragischen Aspekt gegeben hat. Der Ernst Luthers aber ist ein ganz anderer als der Ernst jener klassischen Tragiker. Nicht der Zwiespalt der Götter in der Gestalt ihrer Gesetze, sondern die Einheit Gottes und die Versöhnung der Welt mit Gott in Jesus Christus, nicht die Unentrinnbarkeit der Schuld, sondern das einfältige Leben aus der Versöhnung, nicht das Schicksal, sondern das Evangelium als die letzte Wirklichkeit des Lebens, nicht der grausame Triumph der Götter über den untergehenden Menschen, sondern die Erwählung des Menschen zum Kinde Gottes mitten in der durch Gnade versöhnten Welt, das ist für die Bibel und für Luther das letztlich Ernstzunehmende.

Wie es daher ein Rückfall aus der christlichen in die antike Wirklichkeit ist, ein weltliches und ein christliches Prinzip als letzte Wirklichkeiten einander entgegenzustellen, so ist es allerdings ebenso falsch, das Christliche und das Weltliche als prinzipielle Einheit zu verstehen. Die in Christus geschaffene Versöhnung von Gott und Welt besteht einzig und allein in der Person Jesu Christi, in ihm als dem in stellvertretender Verantwortung handelnden, aus Liebe zum Menschen menschgewordenen Gott. Von ihm her allein gibt es menschliches Handeln, das sich nicht an prinzipiellen Konflikten zerreibt, sondern aus der vollzogenen Versöhnung der Welt mit Gott herkommt, ein Handeln, das in Nüchternheit und Einfalt das Wirklichkeitsgemäße tut, ein Handeln in stellvertretender Verantwortung. Was „christlich" und was „weltlich" ist, steht nun nicht mehr von vornherein fest, sondern beides wird in seiner Besonderheit und in seiner Einheit erst in der konkreten Verantwortung des Handelns aus der in Jesus Christus geschaffenen Versöhnung erkannt.

Wenn wir sagten, dass für das wirklichkeitsgemäße Handeln die Welt Welt bleibt, so kann das nach allem Gesagten nicht mehr eine prinzipielle Isolierung der Welt, eine Autonomieerklärung, für die Welt bedeuten, sondern es muss dies gerade aus der Begründung aller Wirklichkeit in Jesus Christus selbst hervorgehen. Die Welt bleibt Welt, *weil* sie die in Christus geliebte, gerichtete, versöhnte Welt ist. Kein Mensch hat den Auftrag, die Welt zu überspringen und aus ihr das Reich Gottes zu machen. Damit ist wiederum nicht jener frommen Indolenz Vorschub geleistet, die die böse Welt ihrem Schicksal überlässt und nur die eigene Tugend rettet. Es wird vielmehr der Mensch in die konkrete und damit begrenzte geschaffene Verantwortung gestellt, die die Welt als von Gott geliebte, gerichtete und versöhnte erkennt und dementsprechend in ihr handelt. Die „Welt" ist so der uns in und durch Jesus Christus gegebene *Bereich der konkreten Verantwortung*, nicht aber irgendein allgemeiner Begriff, aus dem sich eine eigene Systematik herleiten ließe. Wirklichkeitsgemäß steht nicht der der Welt gegenüber, der in ihr ein an sich seiendes Gutes oder Böses oder aus gut und böse gemischtes Prinzip sieht und dementsprechend handelt, sondern der in begrenzter Verantwortung lebend und handelnd sich das Wesen der Welt jeweils neu aufschließen lässt.

Wirklichkeitsgemäßes Handeln steht in der *Begrenzung durch unsere Geschöpflichkeit.* Wir schaffen uns die Bedingungen unseres Handelns nicht selbst, sondern wir finden uns in ihnen bereits vor. Wir stehen handelnd nach vorwärts wie nach rückwärts in bestimmten Grenzen, die nicht übersprungen werden können. Unsere Verantwortung ist nicht eine unendliche, sondern eine begrenzte. Innerhalb dieser Grenzen freilich umfasst sie das Ganze der Wirklichkeit; sie fragt nicht nur nach dem guten Willen, sondern auch nach dem guten Gelingen des Handelns, nicht nur nach dem Motiv, sondern auch nach dem Gegenstand, sie sucht das gegebene Wirklichkeitsganze in seinem Ursprung, Wesen und Ziel zu erkennen, sie sieht es unter dem göttlichen Ja und Nein. Weil es nicht um die Durchführung irgendeines grenzenlosen Prinzips geht, darum muss in der gegebenen Situation beobachtet, abgewogen, gewertet, entschieden werden, alles in der Begrenzung menschlicher Erkenntnis überhaupt. Es muss der Blick in die nächste Zukunft gewagt, es müssen die Folgen des Handelns ernstlich bedacht werden, ebenso wie eine Prüfung der eigenen Motive, des eigenen Herzens, versucht werden muss. Nicht die Welt aus den Angeln zu heben, sondern am gegebenen Ort das im Blick auf die Wirklichkeit Notwendige zu tun, kann die Aufgabe sein. Es muss auch dabei noch die Frage nach dem Möglichen gestellt, es kann nicht immer sofort der letzte Schritt getan werden, und verantwortliches Handeln darf nicht blind sein wollen. Das alles muss so sein, weil Gott in Christus *Mensch* wurde, weil er zum Menschen Ja sagte und weil wir als Menschen, in menschlicher Begrenztheit des Urteils, der Erkenntnis vor Gott und dem Nächsten leben und handeln dürfen und sollen. Weil aber *Gott* Mensch wurde, darum kann verantwortliches Handeln im Bewusstsein der Menschlichkeit seiner Entscheidung das Urteil über das eigene Handeln nach seinem Ursprung, seinem Wesen und seinem Ziel niemals selbst vorwegnehmen, sondern es muss es ganz an Gott ausliefern. Während alles ideologische Handeln seine Rechtfertigung immer schon in seinem Prinzip bei sich selbst hat, verzichtet verantwortliches Handeln auf das Wissen um seine letzte Gerechtigkeit. Die Tat, die unter verantwortlicher Abwägung aller persönlichen und sachlichen Umstände im Blick auf die *Mensch*werdung Gottes und auf die Menschwerdung *Gottes* geschieht, wird im Augenblick ihres Vollzuges allein Gott ausgeliefert. Das letzte Nichtwissen des eigenen Guten und Bösen und damit das Angewiesensein auf Gnade gehört wesentlich zum verantwortlichen geschichtlichen Handeln. Der ideologisch Handelnde sieht sich in seiner Idee gerechtfertigt, der Verantwortliche legt sein Handeln in die Hände Gottes und lebt von Gottes Gnade und Gericht.

Es gehört weiter zur Begrenztheit verantwortlichen Lebens und Handelns, dass es mit der Verantwortlichkeit der anderen ihm begegnenden Menschen rechnet. Eben darin unterscheidet sich Verantwortung von Vergewaltigung, dass sie im anderen Menschen den Verantwortlichen erkennt, ja dass sie ihn seiner eigenen Verantwortlichkeit bewusst werden lässt. Die Verantwortung des Vaters oder des Staatsmannes ist begrenzt durch die Verantwortlichkeit des Kindes oder des Staatsbürgers, ja es besteht die Verantwortung des Vaters oder des Staatsmannes eben darin, die Verantwortlichkeit der ihm Anbefohlenen ins Bewusstsein zu erheben, zu stärken. Niemals also kann es eine absolute Verantwortung geben, die nicht an der Verantwortlichkeit des anderen Menschen ihre wesenhafte Grenze fände.

Indem wir so die Grenzen des verantwortlichen Handelns in dem Ausmünden der Tat in Gottes Gnade und Gericht und in der Verantwortlichkeit des Nächsten erkennen, zeigt es sich zugleich, dass eben diese Grenzen das Handeln erst zu einem verantwortlichen machen. Gott und der Nächste, wie sie uns in Jesus Christus begegnen, sind ja nicht nur die Grenzen, sondern – wie wir schon erkannten – auch der Ursprung verantwortlichen Handelns. Unverantwortliches Handeln ist eben dadurch definiert, dass es diese Grenzen, Gott und den Nächsten, missachtet. Verantwortliches Handeln gewinnt seine Einheit und schließlich auch seine Gewissheit aus dieser seiner Begrenztheit durch Gott und den Nächsten. Gerade weil es seiner selbst nicht Herr ist, weil es nicht grenzenlos, übermütig, sondern geschöpflich, demütig ist, kann es von einer letzten Freude und Zuversicht getragen sein, kann es sich in seinem Ursprung, Wesen und Ziel, in Christus, geborgen wissen.

Unter der Voraussetzung der gewonnenen Erkenntnis, dass Verantwortung immer ein Verhältnis von Personen zueinander ist, gegründet in der Verantwortung Jesu Christi für die Menschen, unter der Voraussetzung also, dass Ursprung, Wesen und Ziel aller Wirklichkeit der Wirkliche, also Gott in Jesus Christus, ist, darf und muss nun auch von dem Verhältnis des Verantwortlichen zu dem Bereich der Dinge gesprochen werden. Wir bezeichnen dieses Verhältnis als *Sachgemäßheit.* Damit ist ein Doppeltes gesagt.

Erstens: Sachgemäß ist das Verhalten zu den Dingen, das ihre ursprüngliche, wesenhafte und zielhafte Beziehung auf Gott und den Menschen im Auge behält. Es ist dies eine Beziehung, die die Sachlichkeit nicht verdirbt, sondern reinigt, die die Glut der Hingabe an eine Sache nicht erstickt, sondern läutert und intensiviert. Je reiner, je freier von persönlichen Nebenzwecken einer Sache gedient wird, desto mehr gewinnt sie ihre ursprüngliche Beziehung zu Gott und zum Menschen zurück, desto mehr befreit sie den Menschen von sich selbst. Die Sache, der das letzte persönliche Opfer gebracht wird, muss gerade so dem Menschen dienen. Wo zum Beispiel eine Wissenschaft aus demagogischen, pädagogischen, moralistischen Gründen in fälschlich direkter Weise dem Menschen nutzbar gemacht werden soll, dort wird nicht nur der Mensch, sondern auch die Wissenschaft verdorben. Wo aber der Mensch in der Wissenschaft allein und vorbehaltlos der Erkenntnis der Wahrheit dient, dort findet er in der selbstlosen Preisgabe aller eigenen Wünsche sich selbst, und die Sache, der er selbstlos diente, muss zuletzt ihm dienen. So gehört es zur Sachgemäßheit des Handelns, dass diese Beziehung der Sache auf die Person nie übersehen wird. Es geht um die Wiederherstellung des ursprünglichen Verhältnisses aus der in Jesus Christus begründeten Verantwortung. Wir kennen diese Beziehung freilich nicht anders denn als eine durch und durch gestörte. Entweder verselbständigt sich die Sache gegen die Person oder die Person gegen die Sache oder es stehen beide beziehungslos nebeneinander.

Zweitens, jeder Sache wohnt von ihrem Ursprung her ein Wesensgesetz inne, gleichgültig, ob es sich um eine vorgefundene Naturgegebenheit oder um ein Erzeugnis des menschlichen Geistes, ob es sich um eine materielle oder ideelle Größe handelt. Unter einer „Sache" in diesem Sinne verstehen wir alles Gegebene, dem ein solches Wesensgesetz innewohnt, gleichgültig wiederum, wie weit es sich dabei um eine mehr neutrale oder mehr persönliche Größe handelt. Die Axiome der Mathematik und der Logik gehören ebenso hierher wie der Staat oder die Familie, wie eine Fabrik oder eine Aktiengesellschaft. Überall muss das betreffende Wesensgesetz aufgedeckt werden, durch das diese Größe Bestand hat. Je stärker eine Sache mit der Existenz des Menschen verbunden ist, desto schwerer ist ihr Wesensgesetz zu bestimmen. Die Gesetze des logischen Denkens sind leichter zu definieren als zum Beispiel das Gesetz des Staates. Wiederum ist es leichter, das Gesetz einer Aktiengesellschaft aufzufinden als das Gesetz einer gewachsenen Größe wie der Familie oder des Volkes. Es gehört nun zur Wirklichkeitsgemäßheit des verantwortlichen Handelns, diese Gesetze aufzufinden und zu befolgen. Dabei stellt sich dieses Gesetz zunächst als eine formale Technik dar, die beherrscht sein will. Je näher freilich die Sache, um die es sich im einzelnen Fall handelt, an die menschliche Existenz rührt, desto deutlicher zeigt es sich, dass sich das Wesensgesetz nicht in einer formalen Technik erschöpft, vielmehr jede technische Handhabung infrage stellt. Das Problem einer Technik der Staatskunst ist hierfür das beste Beispiel, während eine Technik der Radiofabrikation relativ unproblematisch ist. Es ist nun zwar kein Zweifel, dass auch die Staatskunst ihre technische Seite hat (– es gibt eine Technik der Verwaltung, der Diplomatie –), zu der dann aber im weitesten Sinne auch die positiven Rechtsordnungen und Verträge, ja die rechtlich nicht fixierten Regeln und durch die Geschichte sanktionierten Formen des innen- und außenpolitischen Zusammenlebens, und schließlich sogar die allgemein akzeptierten sittlichen Prinzipien staatlichen Lebens gehören. Kein Staatsmann verachtet ungestraft eine dieser Gesetzlichkeiten. Die übermütige Geringschätzung und Durchbrechung derselben ist eine Verkennung der Wirklichkeit, die sich früher oder später rächen muss. Sachgemäßes Handeln wird sich innerhalb dieser Gesetzlichkeiten halten und in ihrer Berücksichtigung nicht nur Heuchelei, sondern ein wesentliches Moment aller Ordnung anerkennen. Es wird die durch die Erfahrung vieler Generationen errungene Weisheit solcher Formen anerkennen und sie sich zunutze machen. Nun wird sachgemäßes Handeln allerdings gerade hier in unwiderleglicher Weise zu der Erkenntnis gezwungen, dass mit diesen Gesetzlichkeiten der Staatskunst das Wesensgesetz des Staates nicht erschöpfend erfasst ist, ja dass das Gesetz des Staates, gerade weil dieser mit der menschlichen Existenz unlöslich verbunden ist, zuletzt über alles gesetzlich Fassbare hinausreicht. Und es ist eben an dieser Stelle, dass erst die Tiefe verantwortlichen Handelns erreicht wird.

Dort wo die sachliche Befolgung des formalen Gesetzes eines Staates, eines geschäftlichen Unternehmens, einer Familie, aber auch einer wissenschaftlichen Entdeckung durch den Verlauf des geschichtlichen Lebens zusammenprallt mit den nackten Lebensnotwendigkeiten von Menschen, tritt verantwortliches sachgemäßes Handeln aus dem Bereich des prinzipiell Gesetzlichen, des Normalen, des Regulären vor die durch kein Gesetz mehr zu regelnde, außerordentliche Situation letzter Notwendigkeiten. Machiavelli hat in seiner Staatslehre dafür den Begriff der necessità geprägt. Für das Gebiet des Politischen bedeutet das, dass aus der Technik der Staatskunst die Staatsnotwendigkeit wird. Es kann kein Zweifel darüber bestehen, dass es solche Notwendigkeiten gibt. Sie zu leugnen, bedeutet Verzicht auf wirklichkeitsgemäßes Handeln. Ebenso aber ist gewiss, dass diese Notwendigkeiten, als Urtatsachen des Lebens selbst, durch kein Gesetz mehr erfasst werden können und selbst niemals zum Gesetz werden können. Sie appellieren unmittelbar an die durch kein Gesetz gebundene freie Verantwortung des Handelnden. Sie schaffen eine außerordentliche Situation, sie sind ihrem Wesen nach Grenzfälle. Sie lassen der menschlichen ratio nicht mehr eine Mehrzahl von Auswegen, sondern sie stellen vor die Frage der ultima ratio. Im politischen Bereich heißt diese ultima ratio Krieg, aber auch Betrug, Vertragsbruch um der eigenen Lebensnotwendigkeiten willen. Im wirtschaftlichen Leben bedeutet sie Vernichtung menschlicher Existenzen um geschäftlicher Notwendigkeiten willen. Die ultima ratio liegt jenseits der Gesetze der ratio, sie ist irrationales Handeln. Alles wird im tiefsten Grunde verkehrt, wenn die ultima ratio selbst wieder zu einem rationalen Gesetz gemacht wird, wenn aus dem Grenzfall das Normale, wenn aus der necessità eine

Technik gemacht wird. Baldwin hat recht, wenn er sagte, dass es nur ein größeres Übel gebe als die Gewalt, nämlich die Gewalt als Prinzip, als Gesetz, als Norm. Er wollte damit nicht die außerordentliche, als Grenzfall sich ereignende Notwendigkeit des Gewaltgebrauchs als ultima ratio bestreiten – er wäre sonst ein Schwärmer und kein Staatsmann –, aber er wollte um keinen Preis das Außerordentliche, den Grenzfall mit dem Normalen, dem Gesetz, verwechselt sehen, er wollte also die relative Ordnung, die durch eine sachgemäße Befolgung des Gesetzlichen gewährleistet wird, nicht um des Grenzfalles willen mit dem Chaos vertauschen.

Die außerordentliche Notwendigkeit appelliert an die Freiheit des Verantwortlichen. Es gibt kein Gesetz, hinter dem der Verantwortliche hier Deckung suchen könnte. Es gibt daher auch kein Gesetz, das den Verantwortlichen angesichts solcher Notwendigkeit zu dieser oder jener Entscheidung zu zwingen vermöchte. Es gibt vielmehr angesichts dieser Situation nur den völligen Verzicht auf jedes Gesetz, verbunden mit dem Wissen darum, hier in freiem Wagnis entscheiden zu müssen, verbunden auch mit dem offenen Eingeständnis, dass hier das Gesetz verletzt, durchbrochen wird, dass hier Not das Gebot bricht, verbunden also mit der gerade in dieser Durchbrechung anerkannten Gültigkeit des Gesetzes, und es gibt dann schließlich in diesem Verzicht auf jedes Gesetz, und so ganz allein, das Ausliefern der eigenen getroffenen Entscheidung und Tat an die göttliche Lenkung der Geschichte.

Es bleibt eine theoretisch nie mehr zu entscheidende Frage, ob im geschichtlichen Handeln das Letzte das ewige Gesetz oder die freie Verantwortung gegen alles Gesetz aber vor Gott ist. Große Völker stehen hier in letztem unüberwindlichem Gegensatz. Es ist die Größe englischer Staatsmänner – ich denke hier zum Beispiel an Gladstone –, das Gesetz als letzte Instanz gelten zu lassen, und es ist die Größe deutscher Staatsmänner – ich denke hier an Bismarck –, in freier Verantwortung vor Gott zu treten. Keiner kann hier ein Vorrecht vor dem anderen in Anspruch nehmen. Die letzte Frage bleibt offen und muss offen gehalten werden; denn so oder so wird der Mensch schuldig und so oder so kann er allein von der göttlichen Gnade und der Vergebung leben. Der ans Gesetz Gebundene muss wie der in freier Verantwortung Handelnde die Anklage des anderen vernehmen und gelten lassen. Keiner kann der Richter des andern werden. Das Gericht bleibt bei Gott.

Es geht aus dem Gesagten hervor, dass zur Struktur verantwortlichen Handelns *die Bereitschaft zur Schuldübernahme* und *die Freiheit gehört.*

Indem wir unseren Blick wieder auf den Ursprung aller Verantwortlichkeit richten, wird uns deutlich, was unter Schuldübernahme zu verstehen ist. Weil es Jesus nicht um die Proklamation und Verwirklichung neuer ethischer Ideale, also auch nicht um sein eigenes Gutsein (Mt 19,17!), sondern allein um die Liebe zum wirklichen Menschen geht, darum kann er in die Gemeinschaft ihrer Schuld eintreten, sich mit ihrer Schuld belasten lassen. Jesus will nicht auf Kosten der Menschen als der einzig Vollkommene gelten, will nicht als der einzig Schuldlose auf die unter ihrer Schuld zugrunde gehende Menschheit herabsehen, will nicht über den Trümmern einer an ihrer Schuld gescheiterten Menschheit irgendeine Idee eines neuen Menschen triumphieren lassen. Er will sich nicht von der Schuld freisprechen, unter der die Menschen sterben. Eine Liebe, die den Menschen in seiner Schuld allein ließe, hätte nicht den wirklichen Menschen zum Gegenstand. Als im geschichtlichen Dasein des Menschen verantwortlich Handelnder wird Jesus schuldig. Es ist – wohlgemerkt – allein seine Liebe, die ihn schuldig werden lässt. Aus seiner selbstlosen Liebe, aus seiner Sündlosigkeit heraus, tritt Jesus in die Schuld der Menschen ein, nimmt sie auf sich. Sündlosigkeit und Schuldtragen gehören in ihm unlösbar zusammen. Als der Sündlose nimmt Jesus die Schuld seiner Brüder auf sich, und unter der Last dieser Schuld erweist er sich als der Sündlose. In diesem sündlos-schuldigen Jesus Christus hat nun jedes stellvertretend verantwortliche Handeln seinen Ursprung. Gerade weil und wenn es verantwortlich ist, weil und wenn es in ihm ganz um den anderen Menschen geht, weil und wenn es aus selbstloser Liebe zum wirklichen menschlichen Bruder hervorgeht, kann es sich der Gemeinschaft der menschlichen Schuld nicht entziehen wollen. Weil Jesus die Schuld aller Menschen auf sich nahm, darum wird jeder verantwortlich Handelnde schuldig. Wer sich in der Verantwortung der Schuld entziehen will, löst sich aus der letzten Wirklichkeit des menschlichen Daseins, löst sich aber auch aus dem erlösenden Geheimnis des sündlosen Schuldtragens Jesu Christi und hat keinen Anteil an der göttlichen Rechtfertigung, die über diesem Ereignis liegt. Er stellt seine persönliche Unschuld über die Verantwortung für die Menschen, und er ist blind für die heillosere Schuld, die er gerade damit auf sich lädt, blind auch dafür, dass sich die wirkliche Unschuld gerade darin erweist, dass sie um des anderen Menschen willen in die Gemeinschaft seiner Schuld eingeht. Dass der Sündlose, der selbstlos Liebende, schuldig wird, gehört durch Jesus Christus zum Wesen verantwortlichen Handelns.

Gegen dieses alles gibt es einen Widerspruch von unbestreitbarer Erhabenheit. Er kommt aus der hohen Instanz des Gewissens, das sich weigert, seine Unversehrtheit irgendeinem anderen Gut zu opfern, das sich weigert, um eines anderen Menschen willen schuldig zu werden. Die Verantwortung für den Nächsten hat hier ihre Grenze in der Unantastbarkeit des Gewissensrufes. Eine Verantwortung, die zu einem Handeln wider das Gewissen zwingt, würde sich selbst verurteilen. Was ist daran richtig und was falsch?

Richtig ist, dass es niemals geraten sein kann wider das eigene Gewissen zu handeln. Darin ist sich alle christliche Ethik einig. Aber was bedeutet das? Das Gewissen ist der aus einer Tiefe jenseits des eigenen Willens und der eigenen Vernunft sich zu Gehör bringende Ruf der menschlichen Existenz zur Einheit mit sich selbst. Es erscheint als Anklage gegen die verlorene Einheit und als Warnung vor dem Sich-selbst-Verlieren. Es ist primär nicht auf ein bestimmtes Tun, sondern auf ein bestimmtes Sein gerichtet. Es protestiert gegen ein Tun, das dieses Sein in der Einheit mit sich selbst gefährdet.

In dieser formalen Bestimmung bleibt das Gewissen eine Instanz, gegen die zu handeln höchst widerraten ist; die Missachtung des Gewissensrufes muss eine Zerstörung – nicht etwa eine sinnvolle Hingabe – des eigenen Seins, ein Zerfallen der menschlichen Existenz zur Folge haben. Das Handeln wider das Gewissen liegt in der Richtung des selbstmörderischen Handelns gegen das eigene Leben, und es ist kein Zufall, dass beides oft genug miteinander verbunden ist. Ein verantwortliches Handeln, das dem Gewissen, in diesem formalen Sinn, Gewalt antun wollte, wäre in der Tat verwerflich.

Die Frage ist aber damit keineswegs erschöpft. Kommt der Gewissensruf aus der gefährdeten Einheit des Menschen mit sich selbst, so ist nun auch nach dem Inhalt dieser Einheit zu fragen. Dieser ist zunächst das eigene Ich in seinem Anspruch, „wie Gott" – sicut deus – sein zu wollen in der Erkenntnis des Guten und des Bösen. Der Gewissensruf im natürlichen Menschen ist der Versuch des Ich, sich in seinem Wissen um Gut und Böse vor Gott, vor den Menschen und vor sich selbst zu rechtfertigen und in dieser Selbstrechtfertigung bestehen zu können. Das Ich, das in seiner kontingenten Einzelheit keinen Halt findet, führt sich auf ein allgemeines Gesetz des Guten zurück und sucht in der Übereinstimmung mit ihm die Einheit mit sich selbst. So hat der Gewissensruf seinen Ursprung und sein Ziel in der *Autonomie* des eigenen Ich. Es gilt in der Befolgung des Rufes, diese Autonomie, die ihren Ursprung jenseits des eigenen Wollens und Wissens „in Adam" hat, jeweils selbst neu zu verwirklichen. So bleibt der Mensch in seinem Gewissen gebunden an ein selbst gefundenes Gesetz, das konkret in verschiedener Gestalt auftreten kann, aber bei dem Verlust des eigenen Selbst unüberschreitbares Gesetz bleibt.

Die große Veränderung tritt, wie wir nun begreifen, in dem Augenblick ein, in dem die Einheit der menschlichen Existenz nicht mehr in ihrer Autonomie besteht, sondern – durch das Wunder des Glaubens – jenseits des eigenen Ich und seines Gesetzes, in Jesus Christus gefunden wird. Formal hat diese Veränderung des Einheitspunktes ihre Analogie durchaus im säkularen Bereich. Wenn der N. S. [Nationalsozialismus] sagt: Mein Gewissen ist A. H. [Adolf Hitler], so ist auch damit der Versuch gemacht, die Einheit des Ich jenseits seiner selbst zu begründen. Es hat dies dann die Preisgabe der Autonomie zugunsten einer bedingungslosen Heteronomie zur Folge, was wiederum nur dann möglich ist, wenn der andere Mensch, in dem ich die Einheit meines Lebens suche, in die Funktion meines Erlösers tritt. Es läge dann hier die prägnanteste säkulare Parallele und damit der prägnanteste Widerspruch zur christlichen Wahrheit vor.

Wo Christus, wahrer Gott und wahrer Mensch, zum Einheitspunkt meiner Existenz geworden ist, dort bleibt zwar das Gewissen – formal – immer noch der Ruf aus meinem eigentlichen Sein zur Einheit mit mir selbst; diese Einheit kann aber nicht mehr verwirklicht werden in der Rückkehr zu meiner aus dem Gesetz lebenden Autonomie, sondern in der Gemeinschaft mit Jesus Christus. Das natürliche – und sei es das rigoroseste – Gewissen erweist sich nun als die gottloseste Selbstrechtfertigung, es wird überwunden durch das in Jesus Christus befreite Gewissen, das zur Einheit mit mir selbst in

Jesus Christus ruft. Jesus Christus ist mein Gewissen geworden. Das bedeutet, dass ich die Einheit mit mir selbst nur noch in der Hingabe meines Ich an Gott und die Menschen finden kann. Nicht ein Gesetz, sondern der lebendige Gott und der lebendige Mensch, wie er mir in Jesus Christus begegnet, ist Ursprung und Ziel meines Gewissens. Um Gottes und der Menschen willen wurde Jesus zum Durchbrecher des Gesetzes: Er brach das Sabbatgesetz, um es in der Liebe zu Gott und Mensch zu heiligen; er verließ seine Eltern, um im Hause seines Vaters zu sein und so den Gehorsam gegen die Eltern zu reinigen; er aß mit Sündern und Verworfenen, er geriet aus Liebe zu den Menschen in die Gottverlassenheit seiner letzten Stunde. Als der sündlos Liebende wurde er schuldig, wollte er in der Gemeinschaft der menschlichen Schuld stehen; die Anklage des Teufels, die ihn auf diesem Weg irremachen wollte, wies er von sich. So ist Jesus Christus der Befreier des Gewissens zum Dienst Gottes und des Nächsten, der Befreier des Gewissens auch und gerade dort, wo der Mensch in die Gemeinschaft der menschlichen Schuld eintritt. Das vom Gesetz befreite Gewissen wird das Eintreten in fremde Schuld um des anderen Menschen willen nicht scheuen, es wird sich vielmehr gerade so in seiner Reinheit erweisen. Das befreite Gewissen ist nicht ängstlich wie das an das Gesetz gebundene, sondern weit geöffnet für den Nächsten und seine konkrete Not. So einigt es sich mit der in Christus begründeten Verantwortung, um des Nächsten willen Schuld zu tragen. Obwohl menschliches Handeln – im Unterschied zu der wesenhaften Sündlosigkeit Jesu Christi – niemals sündlos, sondern von der wesenhaften Erbsünde vergiftet ist, nimmt es als verantwortliches Handeln – im Gegensatz zu jedem selbstgerecht-prinzipiellen Handeln – doch indirekt an dem Handeln Jesu Christi teil. Es gibt also für das verantwortliche Handeln so etwas wie eine relative Sündlosigkeit, die sich gerade im verantwortlichen Aufnehmen fremder Schuld erweist.

Wenn Kant aus dem Prinzip der Wahrhaftigkeit heraus zu der grotesken Folgerung kommt, ich müsse auch dem in mein Haus eingedrungenen Mörder seine Frage, ob mein Freund, den er verfolgt, sich in mein Haus geflüchtet habe, ehrlicherweise bejahen, so tritt hier die zum frevelhaften Übermut gesteigerte Selbstgerechtigkeit des Gewissens dem verantwortlichen Handeln in den Weg. Wenn Verantwortung die ganze, der Wirklichkeit angemessene Antwort des Menschen auf den Anspruch Gottes und des Nächsten ist, so ist hier der Teilcharakter der Antwort eines an Prinzipien gebundenen Gewissens grell beleuchtet. Die Weigerung, um meines Freundes willen am Prinzip der Wahrhaftigkeit schuldig zu werden, die Weigerung, hier um meines Freundes willen kräftig zu lügen, – denn jeder Versuch, den Tatbestand der Lüge wegzudeuteln, entspringt wiederum nur dem gesetzlich-selbstgerechten Gewissen – die Weigerung also, Schuld zu tragen aus Nächstenliebe, setzt mich in Widerspruch zu meiner in der Wirklichkeit begründeten Verantwortung. Es wird sich auch hier gerade im verantwortlichen Aufsichnehmen von Schuld die Unschuld eines allein an Christus gebundenen Gewissens am besten erweisen.

Es ist erstaunlich, in welche Nähe zu diesen Gedanken Goethe durch eine rein profane Kenntnis der Wirklichkeit geführt wird. Der Dialog, durch den Pylades Iphigenie gegen das innere Gesetz zur verantwortlichen Tat bringen will, heißt: Pylades: Zu strenge Forderung ist verborgener Stolz. Iphigenie: Ganz unbefleckt genießt sich nur das Herz. Pylades: So hast du dich im Tempel wohl bewahrt; / das Leben lehrt uns, weniger mit uns / und Andern strenge sein; du lernst es auch. / So wunderbar ist dies Geschlecht gebildet, / so vielfach ist's verschlungen und verknüpft, / dass Keiner in sich selbst, noch mit den Andern / sich rein und unverworren halten kann. / Auch sind wir nicht bestellt uns selbst zu richten; / zu wandeln und auf seinen Weg zu sehn / ist eines Menschen erste, nächste Pflicht: / denn selten schätzt er recht, was er getan / und was er tut, weiß er fast nicht zu schätzen. / ... Man sieht, du bist nicht an Verlust gewöhnt /, da du dem großen Übel zu entgehen / ein falsches Wort nicht einmal opfern willst. / Iphigenie: O trüg ich doch ein männlich Herz in mir! / das, wenn es einen kühnen Vorsatz hegt / vor jeder andern Stimme sich verschließt.

Sosehr sich das in Christus befreite Gewissen und Verantwortung einigen mögen, so bleiben sie doch in einer unaufhebbaren Spannung einander gegenüber.

Das in verantwortlichem Handeln jeweils notwendig werdende Schuldtragen bleibt durch das Gewissen in zweifacher Hinsicht begrenzt.

Erstens ist auch das in Christus befreite Gewissen seinem Wesen nach der Ruf zur Einheit mit mir selbst. Die Übernahme einer Verantwortung darf diese Einheit nicht vernichten. Die Hingabe des Ich in selbstlosem Dienst darf niemals mit der Zerstörung und Vernichtung dieses Ich, das damit auch zur Übernahme von Verantwortung nicht mehr fähig wäre, verwechselt werden. Das Maß der mit dem verantwortlichen Handeln verbundenen Schuldübernahme hat seine jeweilige konkrete Grenze an der Einheit des Menschen mit sich selbst, an seiner Tragkraft. Es gibt Verantwortungen, die ich nicht zu tragen vermag, ohne daran zu zerbrechen, ob es sich nun hier um eine Kriegserklärung, einen politischen Vertragsbruch, eine Revolution oder nur um die Entlassung eines einzigen Familienvaters, der dadurch arbeitslos wird, oder schließlich gar nur um einen Rat in einer persönlichen Lebensentscheidung handelt. Zwar kann und soll die Tragkraft für verantwortliche Entscheidungen wachsen, zwar bedeutet jedes Versagen angesichts einer Verantwortung auch schon eine verantwortliche Entscheidung, dennoch bleibt im konkreten Fall der Ruf des Gewissens zur Einheit mit sich selbst in Jesus Christus unüberwindlich und es erklärt sich daraus die unendliche Mannigfaltigkeit verantwortlicher Entscheidungen.

Zweitens: Auch das in Jesus Christus befreite Gewissen stellt das verantwortliche Handeln vor das Gesetz, durch dessen Befolgung der Mensch in der in Jesus Christus begründeten Einheit mit sich selbst bewahrt wird, aus dessen Verachtung nur Verantwortungslosigkeit entspringen kann. Es ist das Gesetz der Gottes- und der Nächstenliebe, wie es im Dekalog, in der Bergpredigt und in der apostolischen Paränese ausgelegt ist. Die richtige Beobachtung, dass das natürliche Gewissen in den Inhalten seines Gesetzes mit denen des in Christus befreiten Gewissens eine auffallende Übereinstimmung aufweist, ist in der Tatsache begründet, dass es im Gewissen eben um den Bestand des Lebens selbst geht und dass es darum Grundzüge des Lebensgesetzes enthält, wenn auch im Einzelnen verzerrt und im Grundsätzlichen pervertiert. Das Gewissen bleibt auch als Befreites, was es als Natürliches war, nämlich der Warner vor der Übertretung des Lebensgesetzes. Aber weil das Gesetz nicht mehr das Letzte ist, sondern Jesus Christus, darum muss in der Auseinandersetzung zwischen Gewissen und konkreter Verantwortung die freie Entscheidung für Christus fallen. Das bedeutet nicht einen ewigen Konflikt, sondern die Gewinnung der letzten Einheit; denn der Grund, Wesen und Ziel der konkreten Verantwortung ist ja derselbe Jesus Christus, der der Herr des Gewissens ist. So wird die Verantwortung durch das Gewissen gebunden, aber das Gewissen durch die Verantwortung frei. Es zeigt sich nun, dass es dasselbe ist, ob wir sagen: Der Verantwortliche wird sündlos schuldig, oder: Allein der Mann des freien Gewissens kann Verantwortung tragen.

Wer in Verantwortung Schuld auf sich nimmt – und kein Verantwortlicher kann dem entgehen –, der rechnet sich selbst und keinem anderen diese Schuld zu und steht für sie ein, verantwortet sie. Er tut es nicht in dem frevelnden

Übermut seiner Macht, sondern in der Erkenntnis zu dieser Freiheit genötigt und in ihr auf Gnade angewiesen zu sein. Vor den anderen Menschen rechtfertigt den Mann der freien Verantwortung die Not, vor sich selbst spricht ihn sein Gewissen frei, aber vor Gott hofft er allein auf Gnade.

So müssen wir in der Analyse der Struktur des verantwortlichen Handelns zuletzt von der *Freiheit* sprechen.

Verantwortung und Freiheit sind einander korrespondierende Begriffe. Verantwortung setzt sachlich – nicht zeitlich – Freiheit voraus, wie Freiheit nur in der Verantwortung bestehen kann. Verantwortung ist die in der Bindung an Gott und den Nächsten allein gegebene Freiheit des Menschen.

Ohne Rückendeckung durch Menschen, Umstände oder Prinzipien, aber unter Berücksichtigung aller gegebenen menschlichen, allgemeinen, prinzipiellen Verhältnisse handelt der Verantwortliche in der Freiheit des eigenen Selbst. Die Tatsache, dass nichts für ihn eintreten, ihn entlasten kann als seine Tat und er selbst, ist der Beweis seiner Freiheit. Er selbst muss beobachten, urteilen, abwägen, sich entschließen, handeln. Er selbst muss die Motive, die Aussichten, den Wert und den Sinn seines Handelns prüfen. Aber weder die Reinheit der Motive noch die Gunst der Verhältnisse noch der Wert noch die Sinnhaftigkeit eines beabsichtigten Handelns können zum Gesetz seines Handelns werden, auf das er sich zurückziehen und berufen dürfte, durch das er entschuldigt und freigesprochen werden könnte. Er wäre ja dann nicht mehr wahrhaft frei. Das Handeln des Verantwortlichen geschieht in der allein und gänzlich befreienden Bindung an Gott und den Nächsten, wie sie mir in Jesus Christus begegnen, es geschieht dabei ganz im Bereich der Relativitäten, ganz in dem Zwielicht, das die geschichtliche Situation über Gut und Böse breitet, es geschieht mitten in den unzähligen Perspektiven, in denen jedes Gegebene erscheint. Es hat nicht einfach zwischen Recht und Unrecht, Gutem und Bösem zu entscheiden, sondern zwischen Recht und Recht, Unrecht und Unrecht. „Recht ringt mit Recht", hat Aischylos gesagt. Das verantwortliche Handeln ist eben darin ein freies Wagnis, durch kein Gesetz gerechtfertigt, vielmehr in Verzicht auf jede gültige Selbstrechtfertigung geschehend, im Verzicht eben damit auf ein letztes gültiges Wissen um Gut und Böse. Das Gute als das Verantwortliche geschieht in der Unwissenheit um das Gute, in der Auslieferung der notwendig gewordenen und doch (oder darin!) freien Tat an Gott, der das Herz ansieht, der die Taten wiegt und die Geschichte lenkt.

Damit erschließt sich uns ein tiefes Geheimnis der Geschichte überhaupt. Gerade der in der Freiheit eigenster Verantwortung Handelnde sieht sein Handeln einmünden in Gottes Führung. Freie Tat erkennt sich zuletzt als Gottes Tat, Entscheidung als Führung, Wagnis als göttliche Notwendigkeit. In der freien Preisgabe des Wissens um das eigene Gute geschieht das Gute Gottes. Erst in dieser letzten Perspektive kann vom Guten im geschichtlichen Handeln gesprochen werden. Wir werden an diese Stelle unsere Überlegungen später wieder anzuknüpfen haben.

Vorher ist noch einer entscheidenden zur Klärung wesentlich beitragenden Frage Raum zu geben: Wie verhalten sich freie Verantwortung und Gehorsam zueinander? Es muss zunächst so scheinen, als fände alles über die freie Verantwortung Gesagte praktisch nur dort Anwendung, wo ein Mensch im Leben, wie wir sagen „auf verantwortlichem Posten steht", wo also selbständige Entscheidungen von größerem Ausmaß getroffen werden müssen. Was aber hat das Gleichmaß der täglichen Arbeit beim Tagelöhner, beim Fabrikarbeiter, beim kleinen Angestellten oder beim Rekruten, beim Lehrling und Schüler mit Verantwortung zu tun? Anders steht es schon beim freien Landwirt, beim Unternehmer, beim Politiker und Staatsmann, beim Feldherrn, beim Meister, beim Lehrer, beim Richter. Aber wie viel

Technisches, Pflichtmäßiges und wie wenig wirklich freie Entscheidung ist schließlich in ihrem Leben? So scheint es, als gelte alles über die Verantwortung Gesagte letztlich nur für eine sehr kleine Gruppe von Menschen und auch diesen nur in wenigen Augenblicken ihres Lebens, und als müsste demzufolge für die große Mehrzahl der Menschen statt von Verantwortung von Gehorsam und Pflicht gesprochen werden. So gäbe es dann eine Ethik für die Großen, Starken, Herrschenden und eine andere für die Kleinen, Schwachen, Untergebenen. Dort Verantwortung – hier Gehorsam, dort Freiheit – hier Dienstbarkeit. Es ist nun kein Zweifel, dass in unserer modernen und insbesondere unserer deutschen Gesellschaftsordnung die Existenz des Einzelnen in so bestimmter Weise umschrieben, reglementiert und damit zugleich gesichert ist, dass es nur wenigen vergönnt ist, die freie Luft des weiten Raumes großer Entscheidungen zu atmen und die Gefahr eigensten verantwortlichen Handelns kennenzulernen. Durch zwangsweise Einordnung des Lebens in einen bestimmten Lehr-, Ausbildungs- und Berufsgang ist unser Leben ethisch relativ gefahrlos geworden, der in diesen Prozess von Kind an eingegliederte Mensch ist ethisch entmannt, ihm ist die schöpferische ethische Kraft, die Freiheit, geraubt worden. Darin zeigt sich eine Fehlentwicklung, die tief im Wesen unserer modernen Gesellschaftsordnung steckt und der nur durch die klare Herausstellung des fundamentalen Begriffes der Verantwortung begegnet werden kann. Nach der Lage der Dinge ist es so, dass das große Erfahrungsmaterial für das Problem der Verantwortung bei den großen politischen Führern, Wirtschaftsunternehmern und Feldherrn gesucht werden muss; denn die wenigen Anderen, die mitten im Zwang des täglichen Lebens ein freies verantwortliches Handeln wagen, werden von der Maschinerie des allgemeinen Reglements erdrückt.

Dennoch wäre es ein Fehler, die Frage nur noch unter

dieser Perspektive zu sehen. Tatsächlich gibt es nicht ein einziges Leben, das nicht die Situation der Verantwortlichkeit kennenlernen könnte, und zwar in ihrer bezeichnendsten Gestalt, nämlich in der Begegnung mit anderen Menschen. Auch dort also, wo die freie Verantwortung aus dem beruflichen und öffentlichen Leben mehr oder weniger ausgeschlossen ist, bleibt das Verhältnis zum Menschen immer ein verantwortliches, von der Familie bis zum Arbeitskameraden, und die Wahrnehmung echter Verantwortung an dieser Stelle ist die einzige gesunde Möglichkeit, den Bereich der Verantwortung auch wieder in das berufliche und öffentliche Leben hinein auszudehnen. Wo immer, auch im beruflichen Leben, Mensch und Mensch einander begegnen, dort entsteht echte Verantwortlichkeit und dort kann kein Reglement diese verantwortlichen Verhältnisse aufheben. Das gilt also nicht nur für das Verhältnis der Ehegatten zueinander, für Eltern und Kinder, für Freunde, sondern auch für den Meister und seinen Lehrling, den Lehrer und seinen Schüler, den Richter und den Angeklagten.

Noch einen Schritt weiter aber können wir gehen. Verantwortlichkeit steht nicht nur *neben* den Gehorsamsverhältnissen, sondern hat auch *in* diesen ihren Raum. Der Lehrling, der zum Gehorsam gegen den Meister verpflichtet ist, hat zugleich eine freie Verantwortung für seine Arbeit, seine Leistung und dadurch auch für den Meister, ebenso der Schüler, der Student, aber auch der Arbeitnehmer in irgendeinem Betrieb, der Soldat im Krieg. Gehorsam und Verantwortung greifen ineinander, sodass also nicht etwa erst dort, wo der Gehorsam aufhört, Verantwortung anfängt, sondern in Verantwortung Gehorsam geleistet wird. Gehorsams- und Abhängigkeitsverhältnisse wird es immer geben. Es kommt nur darauf an, dass sie nicht, wie es heute schon weithin ist, die Verantwortlichkeiten aufheben. Es ist schwerer für den sozial Abhängigen, sich verantwortlich zu wissen als für den sozial Freien. Aber keinesfalls schließt ein Abhängigkeitsverhältnis an sich schon die freie Verantwortung aus. Herr und Diener können und sollen in der Wahrung des Gehorsamsverhältnisses in freier Verantwortung füreinander stehen.

Der letzte Grund hierfür liegt in dem in Jesus Christus verwirklichten Verhältnis des Menschen zu Gott. Jesus steht vor Gott als der Gehorsame und als der Freie. Als der Gehorsame tut er den Willen des Vaters in blinder Befolgung des ihm befohlenen Gesetzes. Als der Freie bejaht er den Willen aus eigenster Erkenntnis, mit offenen Augen und freudigem Herzen, schafft er ihn gleichsam aus sich selbst heraus aufs Neue. Gehorsam ohne Freiheit ist Sklaverei, Freiheit ohne Gehorsam ist Willkür. Der Gehorsam bindet die Freiheit, die Freiheit adelt den Gehorsam. Der Gehorsam bindet das Geschöpf an den Schöpfer, die Freiheit stellt das Geschöpf in seiner Ebenbildlichkeit dem Schöpfer gegenüber. Der Gehorsam zeigt dem Menschen, dass er sich *sagen* lassen muss, was gut ist und was Gott von ihm fordert (Micha 6,6), die Freiheit lässt den Menschen das Gute selbst schaffen. Gehorsam weiß, was gut ist, und tut es. Die Freiheit wagt zu handeln und stellt das Urteil über Gut und Böse Gott anheim. Gehorsam folgt blind, Freiheit hat offene Augen. Gehorsam handelt ohne zu fragen, Freiheit fragt nach dem Sinn. Gehorsam hat gebundene Hände, Freiheit ist schöpferisch. Im Gehorsam befolgt der Mensch den Dekalog Gottes, in der Freiheit schafft der Mensch neue Dekaloge (Luther).

In der Verantwortung realisiert sich beides, Gehorsam und Freiheit. Sie trägt diese Spannung in sich. Jede Verselbständigung des einen gegen das andere wäre das Ende der Verantwortung. Verantwortliches Handeln ist gebunden und doch schöpferisch. Die Verselbständigung des Gehorsams würde zur Kantischen Pflichtethik führen, die Verselbständigung der Freiheit zur romantischen Genieethik. Der Mensch der Pflicht wie das Genie tragen ihre Rechtfertigung in sich selbst. Der Mensch der Verantwortung, der zwischen Bindung und Freiheit steht, der als Gebundener in Freiheit zu handeln wagen muss, findet seine Rechtfertigung weder in seiner Bindung noch in seiner Freiheit, sondern allein in dem, der ihn in diese – menschlich unmögliche – Situation gestellt hat und die Tat von ihm fordert. Der Verantwortliche liefert sich selbst und seine Tat Gott aus.

Nachdem wir unter den Begriffen der Stellvertretung, der Wirklichkeitsgemäßheit, der Schuldübernahme und der Freiheit die *Struktur des verantwortlichen Lebens* zu erfassen versucht haben, werden wir nun durch das Verlangen nach weiterer Konkretion zu der Frage geführt, ob es möglich sei, den *Ort* näher zu bestimmen, an dem sich verantwortliches Leben realisiert. Stellt mich die Verantwortung in ein unbegrenztes Feld der Wirksamkeit oder bindet sie mich fest an die mit meinen täglichen konkreten Aufgaben gegebenen Grenzen? Wofür muss ich mich in echter Weise verantwortlich wissen und wofür nicht? Hat es einen Sinn, mich für alles, was in der Welt geschieht, verantwortlich zu halten oder kann ich dem großen Geschehen in der Welt als unbeteiligter Zuschauer gegenüberstehen, wenn nur mein eigener winziger Bereich in Ordnung ist? Soll ich mich in ohnmächtigem Eifer gegen alles Unrecht, alles Elend, das es in der Welt gibt, aufreiben lassen oder darf ich in selbstzufriedener Sicherheit die böse Welt ihrem Lauf überlassen, solange ich selbst nichts daran ändern kann und das Meine getan habe? Welches ist der Ort und welches sind die Grenzen meiner Verantwortung?

Der Ort der Verantwortung

Wenn wir hier auf den Begriff zurückgreifen, der für die Geschichte der Ethik von fast einzigartiger Bedeutung geworden ist, nämlich auf den Begriff des *Berufes,* so müssen wir uns von vornherein über Folgendes klar sein: 1.) Es ist hier nicht an den säkularisierten Begriff des Berufes „als abgegrenztes Gebiet von Leistungen“ (Max Weber) gedacht, 2.) ebenso wenig an jenes Pseudoluthertum, das im Berufsgedanken nur Rechtfertigung und Heiligsprechung der weltlichen Ordnungen an sich sieht; 3.) selbst der Berufsbegriff Luthers ist nicht ohne Weiteres mit dem neutestamentlichen zu identifizieren; er gibt in großer Kühnheit dem neutestamentlichen Begriff (1Kor 7,20) eine Fülle, die zwar sachlich gerechtfertigt ist – analog zu der Übersetzung von Röm 3,28 –, aber über den Sprachgebrauch hinausgreift. Wir gehen daher vom biblischen Befund aus. 4.) Der Begriff des Berufes wie der der Verantwortung, die allerdings beide in unserem Sprachgebrauch nicht mit dem neutestamentlichen identisch sind, stehen in einer so eigenartig glücklichen Entsprechung, dass diese ihre Anwendung besonders nahelegt.

In der Begegnung mit Jesus Christus erfährt der Mensch den Ruf Gottes und in ihm die Berufung zum Leben in der Gemeinschaft Jesu Christi. Dem Menschen widerfährt die göttliche Gnade, die ihn in Anspruch nimmt. Nicht der Mensch sucht die Gnade an ihrem Ort auf – Gott wohnt in einem Licht, da niemand zu kommen kann (1Tim 6,16) –, sondern die Gnade sucht und findet den Menschen an seinem Ort – das Wort ward Fleisch (Joh 1,14) – und nimmt ihn eben hier in Anspruch. Es ist dies ein Ort, der in jedem Fall und in jeder Hinsicht mit Sünde und Schuld belastet ist, sei es der Königsthron oder die Bürgerstube oder die Hütte des Elends. Es ist ein Ort dieser Welt. Diese Heimsuchung des Menschen durch die Gnade geschah in der Menschwerdung Jesu Christi, sie geschieht im Wort von Jesus Christus, das der Heilige Geist bringt. Als Heide oder Jude, als Sklave oder Freier, als Mann oder Frau, als verheiratet oder Ehelosen trifft den Menschen der Ruf. Dort wo er gerade ist, soll er den Ruf hören und sich von ihm in Anspruch nehmen lassen. Nicht als erführe der Sklavenstand oder die Ehe oder die Ehelosigkeit an sich dadurch eine Rechtfertigung, sondern der gerufene Mensch darf hier wie dort Gott gehören. Allein durch den in Christus vernommenen Ruf der Gnade, die mich in Anspruch nimmt, darf ich als Sklave oder Freier, verheiratet oder ehelos vor Gott gerechtfertigt leben. Dieses Leben ist nun von Christus her gesehen mein Beruf, von mir her gesehen meine Verantwortung.

Zwei verhängnisvolle Missverständnisse sind damit ausgeschlossen: das kulturprotestantische und das mönchische. Nicht in der treuen Leistung seiner irdischen Berufspflichten als Bürger, Arbeiter, Familienvater erfüllt der Mensch die ihm auferlegte Verantwortung, sondern im Vernehmen des Rufes Jesu Christi, der ihn zwar auch in die irdischen Pflichten hineinführt, aber niemals in ihnen aufgeht, sondern immer über sie hinaus, vor ihnen und hinter ihnen steht. Der Beruf im neutestamentlichen Sinne ist niemals eine Sanktionierung der weltlichen Ordnungen als solcher, sein Ja zu ihnen enthält immer zugleich das schärfste Nein, den schärfsten Protest gegen die Welt. Die Rückkehr Luthers aus dem Kloster in die Welt, in den „Beruf", ist – echt neutestamentlich – der heftigste Angriff und Stoß, der seit dem Urchristentum gegen die Welt geführt worden ist. Nun wird *in* der Welt gegen die Welt Stellung bezogen, der Beruf ist der Ort, an dem dem Ruf Christi geantwortet und so verantwortlich gelebt wird. So ist zwar die mir im Beruf gesetzte Aufgabe eine begrenzte, zugleich aber stößt die Verantwortung vor dem Ruf Jesu Christi durch alle Grenzen hindurch.

Das Missverständnis des mittelalterlichen Mönchtums liegt nicht in der Erkenntnis, dass der Ruf Jesu Christi den Menschen in den Kampf gegen die Welt stellt, sondern in dem Versuch, einen Ort zu finden, der nicht Welt ist und an dem daher diesem Ruf angemessener geantwortet werden könnte. In diesem vergeblichen Versuch, der Welt zu entrinnen, wird weder das Nein Gottes, das der ganzen Welt – auch dem Kloster – gilt noch aber auch das Ja Gottes, in dem er die Welt mit sich versöhnt, ernst genommen. So wird im mönchischen Unternehmen der Ruf Gottes auch in seinem Nein gegenüber der Welt weniger ernst genommen als im weltlichen Beruf, wie ihn Luther (nicht allerdings das Pseudoluthertum) verstand. Dass im konkreten Fall die Antwort auf den Ruf Jesu Christi auch darin bestehen kann, einen bestimmten irdischen Beruf, in dem nicht mehr verantwortlich gelebt werden kann, zu verlassen, liegt durchaus in der Linie Luthers, nur das Pseudoluthertum in seinem Glauben an die Heiligkeit der Berufspflichten und der irdischen Ordnungen als solcher, mit seinem Glauben an die überall gute Welt, kann diesen Gedanken nicht vollziehen. Gegen diese Verkehrung des neutestamentlichen Berufsgedankens behält der Protest des Klosters sein Recht. Luther ging es in seiner Rückkehr in die Welt allein um die ganze Verantwortung vor dem Ruf Christi. Ihm gegenüber behält die mönchische Lösung in doppelter Hinsicht unrecht. Sie beschränkt den Raum des letztlich verantwortlichen Lebens auf die Mauern des Klosters, und sie kann das Leben, in dem das Ja und das Nein, das der Ruf Jesu Christi für das Leben in der Welt in sich schließt, in der konkreten Verantwortung vor diesem Ruf, geeint werden sollen, nur als faulen Kompromiss ausdeuten. Dieser Verkennung gegenüber hat Luther der Verantwortung des Menschen zugleich einen begrenzten und doch im Unbegrenzten begründeten Sinn gegeben, er hat zugleich der Erfüllung des irdischen Berufes in der Verantwortung vor dem Rufe Jesu Christi das freie und freudige Gewissen gegeben, das aus der Gemeinschaft mit Jesus Christus kommt. Also nicht aus der Erfüllung der irdischen Berufspflichten als solcher kommt das gute und freie Gewissen, hier bleibt der ungelöste Konflikt zwischen einer Mehrzahl von Pflichten eine Wunde für das Gewissen und es kann daher immer nur zu einem Kompromiss mit halbem Gewissen kommen. Nur wo in der Verantwortung gegen den Ruf Jesu Christi der konkrete Beruf erfüllt wird, also nur von der Erkenntnis der Menschwerdung Jesu Christi her, kann das Gewissen im konkreten Tun frei sein. Nur der Ruf Christi, dem im Beruf verantwortlich gefolgt wird, überwindet den Kompromiss und das durch ihn unsicher gemachte Gewissen.

Die Frage nach Ort und Grenze der Verantwortung hat uns auf den Begriff des Berufes geführt. Diese Antwort besteht nur dort zu Recht, wo der Beruf gleichzeitig in allen seinen Dimensionen verstanden wird. Er ist der Ruf Jesu Christi, ihm ganz zu gehören; er ist meine Inanspruchnahme durch Christus an dem Ort, an dem ich von diesem Ruf getroffen werde; er umfasst sachliche Arbeit und persönliche Beziehungen; er fordert „ein abgegrenztes Gebiet von Leistungen", aber niemals als einen Wert an sich, sondern in der Verantwortung gegenüber Jesus Christus. Durch diese Beziehung auf Christus ist das „abgegrenzte Gebiet von Leistungen" aus jeder Isolierung befreit. Die Grenze ist nicht nur nach oben hin, also durch Christus, durchbrochen, sondern auch nach außen hin. Bin ich zum Beispiel Mediziner, so diene ich nicht nur im konkreten Fall meinen Patienten, sondern zugleich der naturwissenschaftlichen Erkenntnis und damit der Wissenschaft und der Wahrheitserkenntnis überhaupt. Obgleich ich praktisch diesen Dienst an meiner konkreten Stelle, also zum Beispiel am Krankenbett des Patienten, versehe, so behalte ich doch die Verantwortung für das Ganze im Auge und nur so erfülle ich meinen Beruf. Dabei kann es dazu kommen, dass ich als Arzt auch meine konkrete Verantwortung einmal nicht mehr am Krankenbett, sondern zum Beispiel im öffentlichen Eintreten gegen eine die medizinische Wissenschaft oder das menschliche Leben oder die Wissenschaft als solche bedrohende Maßnahme erkennen und erfüllen muss. Gerade weil Beruf Verantwortung ist und weil Verantwortung eine ganze Antwort des ganzen Menschen auf das Ganze der Wirklichkeit ist, gibt es kein banausisches Sichbeschränken auf die engsten Berufspflichten; eine derartige Beschränkung wäre Verantwortungslosigkeit. Wann und in welchem Umfang ein solches Durchbrechen des „abgegrenzten Gebietes von Leistungen" zum Beruf und zur Verantwortung des Menschen gehört, lässt sich um des Wesens der freien Verantwortung willen in keine gesetzlichen Bestimmungen fassen. Es wird nur geschehen können nach ernster Abwägung der unmittelbar gegebenen Berufspflichten, der Gefahren des Eingreifens in fremde Verantwortlichkeiten und schließlich des Ganzen, um das es geht; es wird dann eine freie Verantwortung gegenüber dem Ruf Jesu Christi sein, die mich hierhin oder dorthin führt. Die Verantwortung im Beruf folgt allein dem Rufe Christi.

Es gibt eine falsche und eine richtige Beschränkung und eine falsche und eine richtige Ausweitung der Verantwortung, es gibt ein schwärmerisches Durchbrechen aller Grenzen und ein gesetzliches Aufrichten von Grenzen. So schwierig oder unmöglich es ist, von außen her zu beurteilen, ob in einem konkreten Fall verantwortlich oder schwärmerisch beziehungsweise gesetzlich gehandelt wird, so gibt es doch Maßstäbe zur Selbstprüfung, ohne dass allerdings auch diese zu einer vollen Gewissheit über das eigene Ich führen könnten. Solche Maßstäbe sind: Weder die Begrenzung noch die Ausweitung meiner Verantwortlichkeit darf prinzipiell begründet sein, ihre einzige Begründung kann der konkrete Ruf Jesu sein; wo ich mich in meinen charakterlichen Anlagen als reformerisch, besserwisserisch, fanatisch, grenzenlos kenne, dort werde ich in der Gefahr sein, meine Verantwortung willkürlich auszuweiten und meinen natürlichen Trieb mit dem Ruf Jesu zu verwechseln; wo ich mich als vorsichtig, ängstlich, unsicher, gesetzlich kenne, dort werde ich mich hüten müssen, die Begrenzung meiner Verantwortung auf einen engen Bereich als den Ruf Jesu Christi auszugeben; schließlich kann niemals der Blick auf mich selbst, sondern allein der Blick auf den Ruf Christi mich zur echten Verantwortung befreien.

Nietzsche hat, ohne es zu wissen, im Geiste des Neuen Testaments gesprochen, wenn er gegen das gesetzlich-philisterhafte Missverständnis des Gebotes der Nächstenliebe mit den Worten angeht: „Ihr drängt euch um den Nächsten und habt schöne Worte dafür. Aber ich sage euch: Eure Nächstenliebe ist eure schlechte Liebe zu euch selber. Ihr flüchtet zum Nächsten vor euch selbst und möchtet eine Tugend daraus machen: Aber ich durchschaue euer ‚Selbstloses'... Rate ich euch zur Nächstenliebe? Lieber noch rate ich euch zur Nächsten-Flucht und zur Fernsten-Liebe!" Hinter dem Nächsten, den uns der Ruf Jesu anbefiehlt, steht auch für Jesus der Fernste, nämlich Jesus Christus selbst, Gott selbst. Wer hinter dem Nächsten nicht diesen Fernsten weiß und diesen Fernsten zugleich als diesen Nächsten, der dient nicht dem Nächsten, sondern sich selbst, der flüchtet sich aus der freien Luft der Verantwortung in die Enge bequemerer Pflichterfüllung. Auch das Gebot der Nächstenliebe bedeutet also nicht eine gesetzliche Beschränkung der Verantwortung auf den räumlich, bürgerlich, beruflich, familiär Nächsten, der mir begegnet. Der Nächste kann gerade im Fernsten und der Fernste im Nächsten sein. Als im Jahre 1931 in [den] USA durch ein furchtbares Fehlurteil 9 junge Neger, die ihrer Schuld nicht überführt werden konnten, wegen Vergewaltigung eines weißen Mädchens zweifelhaften Rufes zum Tode verurteilt wurden, erhob sich ein Sturm der Empörung, der in öffentlichen Briefen der anerkanntesten europäischen Persönlichkeiten zum Ausdruck kam. Auf die Frage eines von dieser Sache umgetriebenen Christen an einen führenden Kirchenmann in Deutschland, ob nicht auch er hier seine Stimme erheben wollte, weigerte sich dieser aus Gründen des

„lutherischen" Berufsgedankens, also der Begrenzung seiner Verantwortlichkeit. Tatsächlich hat der Protest aus aller Welt dazu geführt, dass das Urteil schließlich revidiert wurde. Verstehen wir hier aus dem Rufe Jesu Christi selbst heraus das Wort Nietzsches: „Meine Brüder, zur Nächstenliebe rate ich euch nicht, ich rate euch zur Fernsten-Liebe"? Wir sagen das, ohne in dem genannten Fall ein Urteil zu fällen. Wir sagen es, um die Grenze offenzuhalten.

Die Weisungen der Bibel, zu tun, was einem vor die Hand kommt (Pred 9,10), zur Treue im Kleinsten (Lk 16,10; 19,17), zur Erfüllung der häuslichen Pflichten, bevor man größere übernimmt (1Tim 3,5), zur Behutsamkeit vor Übergriffen in ein fremdes Amt (1Petr 4,15) sind unüberhörbar. Dennoch bleiben sie alle gebunden an den Ruf Jesu Christi und bedeuten also keine gesetzlichen Grenzziehungen gegen die freie Verantwortung vor diesem Ruf. Im deutschen Kirchenkampf hat oft genug ein Pfarrer sich geweigert, zu der Not der Brüder und der Verfolgten aller Art in öffentlicher Verantwortung Stellung zu nehmen, eben weil seine eigene Gemeinde noch nicht selbst davon betroffen war, und das nicht aus Feigheit und mangelnder Einsatzbereitschaft, sondern allein darum, weil er hierin eine unerlaubte Überschreitung des ihm gegebenen Berufes sah, für seine Gemeinde in ihren konkreten Nöten und Anfechtungen einzustehen. Wurde später die eigene Gemeinde getroffen, so entstand dann oftmals eine Tat vollmächtiger und freiester Verantwortung. Auch das ist nicht gesagt, um ein Urteil vorwegzunehmen, sondern um das Gebot der Nächstenliebe gegen falsche Begrenzung offenzuhalten und so dem Berufsbegriff die evangelische Freiheit zu erhalten.

Ist nun aber nicht durch das Gesetz Gottes, wie es im Dekalog offenbart ist, und durch die göttlichen Mandate der Ehe, der Arbeit, der Obrigkeit eine unüberschreitbare Grenze für jedes verantwortliche Handeln im Beruf aufgerichtet? Würde jede Durchbrechung dieser Grenze nicht eine

Verletzung des offenbaren Willens Gottes bedeuten? Es wiederholt sich hier in letzter Schärfe das Problem von Gesetz und Freiheit. Es droht nun, einen Widerspruch in den Willen Gottes selbst hineinzutragen. Gewiss wird es kein verantwortliches Handeln geben können, das die durch Gottes Gesetz selbst gegebene Grenze nicht mit letztem Ernst ins Auge fasst, und doch wird gerade das verantwortliche Handeln dieses Gesetz nicht von seinem Geber trennen, es wird den Gott, der die Welt durch sein Gesetz in Ordnung hält, nur als den Erlöser in Jesus Christus erkennen können, es wird Jesus Christus als die letzte Wirklichkeit erkennen, der es verantwortlich ist und wird gerade von ihm die Befreiung vom Gesetz zur verantwortlichen Tat erfahren. Um Gottes und des Nächsten willen und das heißt um Christi willen gibt es eine Freiheit von der Sabbatheiligung, von der Elternehrung, vom ganzen göttlichen Gesetz, eine Freiheit, die dieses Gesetz durchbricht, aber nur, um es so neu in Kraft zu setzen. Die Suspension des Gesetzes kann nur seiner wahren Erfüllung dienen. Im Kriege zum Beispiel wird getötet, gelogen, enteignet, allein damit das Leben, die Wahrheit, das Eigentum wieder in Kraft gesetzt werde. Eine Durchbrechung des Gesetzes muss in ihrer ganzen Schwere *erkannt* werden – „selig bist du, wenn du weißt, was du tust; wenn du es aber nicht weißt, so bist du verflucht und ein Übertreter des Gesetzes“ (Lk 5,39 nach hr)[27]. Ob aus Verantwortung oder aus Zynismus gehandelt wird, kann sich nur darin erweisen, ob die objektive Schuld der Gesetzesdurchbrechung erkannt und getragen wird und gerade in der Durchbrechung die wahre Heiligung des Gesetzes erfolgt. So wird der Wille Gottes in der aus Freiheit kommenden Tat geheiligt. Weil es aber hier um eine Tat aus der Freiheit geht, darum wird der Mensch nicht in heillosem Konflikt zerrissen, sondern er kann in Gewissheit und Einheit mit sich selbst das Ungeheure tun, in der Durchbrechung des Gesetzes das Gesetz erst zu heiligen.

Kirche und Welt

Einführung

In diesem Abschnitt seiner „Ethik" verarbeitet Bonhoeffer ausdrücklich Erfahrungen, die er sowohl im Kampf der Bekennenden Kirche als auch in der Konspiration gegen Hitler gemacht hat, und zieht daraus notwendige Konsequenzen für die zukünftige Gestalt christlicher Ethik. Zunächst stellt er fest, dass in Zeiten der Bedrohung von Vernunft, Bildung, Humanität und Toleranz diese Werte sich auf ihre Wurzeln im Christentum besonnen hätten. Er wagt sogar die Aussage: „Die selbständig gewordenen, entlaufenen Kinder der Kirche kehrten in der Stunde der Gefahr zu ihrer Mutter zurück" (187/344). *Da Bonhoeffer die Kirche als Leib Christi versteht, ist für ihn letztlich Jesus Christus selbst die Mitte und Kraft dieser Werte. Daher ist er auch der Überzeugung, dass der Wiederaufbau Deutschlands und Europas nach dem Krieg nur auf dem Boden des Christentums gelingen kann.*

Bonhoeffer interpretiert in diesem Zusammenhang zwei sich zu widersprechen scheinende Jesusworte aus den Evangelien: „Wer nicht für mich ist, der ist wider mich" (Mt 12,30) und „Wer nicht wider uns ist, der ist für uns" (Mk 9,40). Beide Aussagen, der Ausschließlichkeits- und der Ganzheitsanspruch Jesu, bedingen sich in seinen Augen gegenseitig und verhindern auf diese Weise Fanatismus bzw. Verweltlichung der Kirche.

Bonhoeffer thematisiert in diesem Abschnitt schließlich eine Schwäche der zeitgenössischen kirchlichen Verkündigung: Sie habe über der Hinwendung zu den Bösen, den Übertretern des Gesetzes, den Zöllnern und den Sündern, aus den Augen verloren, dass das Evangelium auch den Guten, den für Recht und Gerechtigkeit kämpfenden Menschen gelte. In der Folge sei aus der Botschaft von der Rechtfertigung der Bösen, d. h. der umkehrwilligen Sünder, die Rechtfertigung des Bösen, d. h. des bösen Handelns, geworden – ein Vorwurf, den Bonhoeffer in ähnlicher Weise bereits am Beginn seiner „Nachfolge" mit der provozierenden Formulierung von der Verfälschung der „teuren Gnade" zur „billigen Gnade" erhoben hat.[28] *Bonhoeffer fordert angesichts dessen, die jeweilige gesellschaftliche Situation bei der Verkündigung mit zu berücksichtigen: Während in einer Zeit, in der das Gesetz regiert und Übertreter bestraft werden, der Schwerpunkt der christlichen Verkündigung auf der Annahme des Sünders ruhen müsse, werde sich in Zeiten der Gesetzlosigkeit (wie dem Dritten Reich) das Evangelium eher an den „wenigen übrig gebliebenen Rechtlichen, Wahrhaftigen, Menschlichen" erweisen* (192/350). *Dabei brauchen Gute und Böse Jesus Christus gleichermaßen: „Christus gehört dem Bösen und dem Guten, er gehört ihnen beiden nur als Sündern, das heißt als in ihrem Bösen und in ihrem Guten vom Ursprung Abgefallenen […]* (192/350).

Wir beginnen diesen Abschnitt, indem wir auf eine der erstaunlichsten Erfahrungen aufmerksam machen, die wir in den Jahren der Bedrängnis alles Christlichen gemacht haben: Es genügte gegenüber der Vergötterung des Irrationalen des Blutes, des Instinktes, des Raubtiers im Menschen der Appell an die Vernunft, es genügte gegenüber der Willkür der Appell an das geschriebene Recht, gegenüber der Barbarei der Appell an Bildung und Humanität, gegenüber der Vergewaltigung der Appell an Freiheit, Toleranz und Menschenrechte, gegenüber der Politisierung von Wissenschaft, Kunst und so weiter der Hinweis auf die Eigengesetzlichkeit der verschiedenen Lebensbereiche, um sofort das Bewusstsein einer Art

Bundesgenossenschaft zwischen den Verteidigern dieser unter Anklage geratenen Werte und den Christen wachzurufen. Vernunft, Bildung, Humanität, Toleranz, Eigengesetzlichkeit – alle diese Begriffe, die noch bis vor Kurzem als Kampfparolen gegen die Kirche, gegen das Christentum, gegen Jesus Christus selbst gedient hatten, fanden sich auf einmal überraschend dem Bereich des Christlichen ganz nahegerückt. Dies geschah in einem Zeitpunkt, in dem alles Christliche wie nie zuvor in die Enge getrieben war, in dem die zentralen christlichen Glaubenssätze in härtester, kompromisslosester und aller Vernunft, Bildung, Humanität und Toleranz anstößigster Form herausgestellt wurden. Ja, in genau umgekehrtem Verhältnis zu der gewaltsamen Bedrängnis und Einengung alles Christlichen fiel diesem die Bundesgenossenschaft der genannten Begriffe zu, empfing es durch sie eine nicht geahnte Weite. Dabei war es deutlich, dass es nicht die Kirche war, die den Schutz und die Bundesgenossenschaft der genannten Begriffe suchte, sondern es waren umgekehrt diese Begriffe, die irgendwie heimatlos geworden waren und nun Zuflucht suchten im Bereich des Christlichen, im Schatten der christlichen Kirche. Es entspräche keineswegs der Wirklichkeit, diese Erfahrung so zu deuten, als hätte es sich dabei um eine reine Kampfgenossenschaft gehandelt, also um eine Zweckgemeinschaft, die mit der Beendigung des Kampfes wieder aufgelöst würde. Das Entscheidende ist vielmehr, dass eine Rückkehr zum Ursprung stattfand – die selbständig gewordenen, entlaufenen Kinder der Kirche kehrten in der Stunde der Gefahr zu ihrer Mutter zurück. Wenn sich auch in der Zeit der Entfremdung ihr Aussehen und ihre Sprache sehr verändert hatte, so erkannten sich im entscheidenden Augenblick Mutter und Kinder wieder. Vernunft, Recht, Bildung, Humanität, und wie die Begriffe alle heißen, suchten und fanden in ihrem Ursprung neuen Sinn und neue Kraft.

Dieser Ursprung ist Jesus Christus. In Solowjeffs

Erzählung vom Antichristen wird in den letzten Tagen vor der Wiederkunft Christi von den Häuptern der verfolgten Kirchen die Frage erörtert, was jedem von ihnen das Allerteuerste im Christentum sei. Die entscheidende Antwort lautet: Das Allerteuerste im Christentum ist Jesus Christus selbst. Damit ist gesagt, dass dem Antichristen gegenüber nur eines Gewalt und Bestand hat: Christus selbst. Nur was an ihm teilhat, kann bestehen und überwinden. Er ist die Mitte und die Kraft der Bibel, der Kirche, der Theologie, aber auch der Humanität, der Vernunft, des Rechtes, der Bildung. Zu ihm muss alles zurück, nur in seinem Schutz kann es leben. Es mag ein weithin unbewusstes Wissen sein, aus dem heraus in der Stunde der letzten Bedrohung alles, was nicht dem Antichristen verfallen will, zu Christus Zuflucht nimmt.

„Wer nicht wider uns ist, der ist für uns" (Mk 9,40). Christus zieht die Grenzen der Zugehörigkeit zu ihm weiter, als es seine Jünger wünschen und tun. Hier, im konkreten Fall, auf den sich das Wort Jesu bezieht, handelt es sich um einen Menschen, der ohne persönlich Jünger und Nachfolger Jesu zu sein, mit dem Namen Jesu Teufel austreibt. Jesus verbietet den Jüngern, ihm das zu verwehren; denn „niemand, der in meinem Namen eine Wundertat tut, mag mich alsbald schmähen" (Vers 39). Wo der Name Jesu noch genannt wird – und sei es in Unwissenheit, sei es nur in der Erkenntnis seiner objektiven Gewalt, ohne dass der persönliche Gehorsam folgt, sei es stammelnd und verlegen –, dort schafft sich dieser Name selbst einen Raum, zu dem die Schmähung Jesu keinen Zutritt hat, dort ist noch ein Bereich der Macht Christi, dort soll man nicht hindernd eingreifen, sondern den Namen Jesu Christi wirken lassen. Es ist eine Erfahrung unserer Tage, dass allein der ausgesprochene Name Jesu eine ungeahnte Gewalt ausübt, und die Mühe, diesen Namen über die Lippen zu bringen, mag mit einer Ahnung der ihm innewohnenden Gewalt zusammenhängen. Wo der Name

Jesu Christi genannt wird, dort ist er Schutz und Anspruch. Das gilt für alle die Menschen, die in ihrem Kampf um Recht, Wahrheit, Menschlichkeit und Freiheit wieder den Namen Jesu Christi zu nennen gelernt haben, wenn auch vielfach zögernd, in echter Scheu. Dieser Name gewährt ihnen und den hohen Gütern, für die sie einstehen, Schutz, er ist zugleich der Anspruch auf diese Menschen und auf diese Güter.

„Wer nicht für mich ist, der ist wider mich" (Mt 12,30). Es ist derselbe Jesus, der dieses Wort spricht, und während für die Abstraktion hier ein unauflöslicher Widerspruch klafft, gehören in Wirklichkeit beide Sätze Jesu notwendig zusammen. Wir haben auch hier wieder die lebendige Erfahrung für uns: Als sich unter dem Druck antichristlicher Gewalten kleine bekennende Gemeinden sammelten, die in strenger Zucht der Lehre und des Lebens eine klare Entscheidung für oder wider Christus suchen mussten, als diese in den Kampf gestellten bekennenden Gemeinden gerade in der Neutralität vieler Christen die allergrößte Gefahr der inneren Zersetzung und Auflösung der Kirche, ja die eigentliche Christusfeindschaft, erkennen mussten, als die Ausschließlichkeit der Forderung eines klaren Christusbekenntnisses die Schar der bekennenden Christen immer kleiner werden ließ, als also das Wort: „Wer nicht für mich ist, der ist wider mich" für die christliche Gemeinde konkrete Erfahrung wurde – da empfing sie gerade durch diese Konzentration auf das Wesentliche eine innere Freiheit und Weite, die sie vor allen ängstlichen Grenzziehungen bewahrte, da sammelten sich um sie Menschen, die aus weiter Ferne kamen und denen sie ihre Gemeinschaft und ihren Schutz nicht versagen konnte, da fragte das verletzte Recht, die unterdrückte Wahrheit, die erniedrigte Menschlichkeit, die vergewaltigte Freiheit nach ihr oder vielmehr nach ihrem Herrn, Jesus Christus, da wurde ihr das andere Wort Jesu zur lebendigen Erfahrung: „Wer nicht wider uns ist, der ist mit uns."

Beide Worte gehören notwendig zusammen, das eine als der Ausschließlichkeitsanspruch, das andere als der Ganzheitsanspruch Jesu Christi. Je ausschließlicher, desto freier. Der isolierte Ausschließlichkeitsanspruch aber führt zu Fanatismus und Sektiererei, der isolierte Ganzheitsanspruch zur Verweltlichung und Selbstpreisgabe der Kirche. Je ausschließlicher wir Christus als unseren Herrn erkennen und bekennen, desto mehr enthüllt sich uns die Weite seines Herrschaftsbereiches.

Es ist nun keine metaphysische Spekulation, kein Theologumenon vom „logos spermatikos“ [keimhafte Vernunft], sondern es ist das konkrete Erleiden der Rechtlosigkeit, organisierter Lüge, der Menschenfeindlichkeit und Gewalttat, es ist die Verfolgung des Rechtes, der Wahrheit, der Menschlichkeit, der Freiheit, wodurch Menschen, denen diese Güter teuer waren, in den Schutz Jesu Christi und damit unter seinen Anspruch getrieben wurden und wodurch die Gemeinde Jesu Christi die Weite ihrer Verantwortung erfuhr. Nicht die ruhige, stetige Machtentfaltung des Namens Christi, wie sie uns das Mittelalter darstellt, aber auch nicht der Versuch, den Namen Jesu Christi durch Verbindung mit menschlichen Namen und Gütern vor der Welt zu rechtfertigen, zu Ehren zu bringen, zu verzieren, wie es die Apologeten der ersten christlichen Jahrhunderte unternahmen, sondern dies im Leiden erwachte und geschenkte Wiedererkennen des Ursprungs, die unter Verfolgung geschehene Flucht zu Christus, ist es, unter der sich uns heute das Verhältnis von Kirche und Welt darstellt. Nicht Christus muss sich durch die Anerkennung der Güter des Rechtes, der Wahrheit, der Freiheit vor der Welt rechtfertigen, sondern diese Güter sind es, die der Rechtfertigung bedürftig geworden sind, und ihre Rechtfertigung heißt allein Jesus Christus. Nicht eine „christliche Kultur“ muss den Namen Jesu Christi vor der Welt noch akzeptabel machen, sondern der gekreuzigte Christus ist Zuflucht,

Rechtfertigung, Schutz und Anspruch geworden für die ins Leiden gekommenen höheren Güter und ihre Verfechter. Es ist der in seiner Gemeinde verfolgte und leidende Christus, bei dem Recht und Wahrheit und Menschlichkeit und Freiheit Zuflucht suchen, es ist der in der Welt keine Herberge findende, aus der Welt verstoßene Christus der Krippe und des Kreuzes, in dessen Schutz man flieht und der so die ganze Weite seiner Macht erst offenbart. Das Kreuz Christi macht beide Worte wahr: „Wer nicht für mich ist, der ist wider mich" und „Wer nicht wider uns ist, der ist für uns".

„Selig sind, die um Gerechtigkeit willen verfolgt werden; denn das Himmelreich ist ihrer" (Mt 5,10). Nicht von der Gerechtigkeit Gottes, also nicht von der Verfolgung um Jesu Christi willen, ist hier die Rede, sondern seliggepriesen werden die um einer gerechten – und wir dürfen nun hinzufügen: einer wahren, guten, menschlichen – Sache willen Verfolgten (vgl. 1Petr 3,14 und 2,20). Die falsche Ängstlichkeit jener Christen, die jedem Leiden um einer gerechten, guten, wahren Sache willen ausweichen, weil sie angeblich nur bei einem Leiden um des ausdrücklichen Christusbekenntnisses willen ein gutes Gewissen haben könnten, jene Engherzigkeit also, die jedes Leiden um einer gerechten Sache willen verdächtigt und von ihm abrückt, wird durch diese Seligpreisung Jesu kräftig ins Unrecht gesetzt. Jesus nimmt sich derer an, die um einer gerechten Sache willen leiden, auch wenn es nicht gerade das Bekenntnis seines Namens ist, er nimmt sie in seinen Schutz, in seine Verantwortung, in seinen Anspruch hinein. So wird der um einer gerechten Sache willen Verfolgte zu Christus geführt, so geschieht es, dass sich ein solcher in der Stunde des Leidens und der Verantwortung – vielleicht zum ersten Mal in seinem Leben, ihm selbst fremd und überraschend, aber doch eine innerste Notwendigkeit – auf Christus beruft und sich als Christ bekennt, weil ihm seine Zugehörigkeit zu Christus erst in diesem Augenblick aufgeht. Auch dies ist nicht Konstruktion, sondern Erfahrung, die wir gemacht haben, in der die Macht Jesu Christi über Bereiche des Lebens offenbar wurde, in denen sie bisher unbekannt geblieben war.

In festgefügten Zeiten, in denen das Gesetz regiert und der Übertreter des Gesetzes der Ächtung und Verstoßung verfällt, sind es die Gestalten des Zöllners und der Dirne, an denen das Evangelium Jesu Christi sich den Menschen deutlich macht. „Die Zöllner und Dirnen mögen wohl eher ins Himmelreich kommen denn ihr" (Mt 21,31). Aus den Fugen gegangenen Zeiten, in denen Gesetzlosigkeit und Bosheit selbstherrlich triumphiert, wird sich das Evangelium eher an den Gestalten der wenigen übrig gebliebenen Rechtlichen, Wahrhaftigen, Menschlichen erweisen. Andere Zeiten erlebten es, dass die Bösen zu Christus fanden und die Guten ihm fernblieben. Wir erleben es, dass die Guten Christus wiederfinden und die Bösen sich gegen ihn verstocken. Andere Zeiten konnten predigen: Ehe du nicht ein Sünder geworden bist wie dieser Zöllner und diese Dirne, kannst du Christus nicht erkennen und finden. Wir müssten eher sagen: Ehe du nicht ein Gerechter geworden bist, wie diese um Recht, Wahrheit, Menschlichkeit Kämpfenden und Leidenden, kannst du Christus nicht erkennen und finden. Es sind beides gleich paradoxe, an sich unmögliche, Sätze. Aber sie bezeichnen die Situation. Christus gehört dem Bösen und dem Guten, er gehört ihnen beiden nur als Sündern, das heißt als in ihrem Bösen und in ihrem Guten vom Ursprung Abgefallenen, er ruft sie zum Ursprung zurück, dass sie nicht mehr Böse und Gute, sondern gerechtfertigte und geheiligte Sünder seien. Aber bevor wir dieses Letzte sagen, in dem Böse und Gute vor Christus eins sind und in dem der Unterschied aller Zeiten vor Christus aufgehoben ist, dürfen wir der Frage nicht aus dem Wege gehen, die uns durch unsere eigene Erfahrung und Zeit gestellt ist, nämlich was es bedeutet, dass die Guten

Christus finden, mit anderen Worten, *welches das Verhältnis Jesu Christi zu den Guten und dem Guten ist.*

Immer wieder hat die Kirche, wo sie sich auf die Schrift gründete, über das Verhältnis Jesu Christi zu den Bösen und zum Bösen nachgedacht. In den reformatorischen Kirchen ist diese Frage beherrschend gewesen, ja es gehörte zu den entscheidenden Erkenntnissen der Reformation, hier das evangelische Wort in neutestamentlicher Tiefe und Fülle gesprochen zu haben. Dagegen blieb die Frage nach dem Verhältnis des Guten zu Christus merkwürdig unberührt. Der Gute war hier entweder der Pharisäer und Heuchler, der von seiner Bosheit überzeugt werden musste, oder es war der aus seinem Bösen zu Christus Bekehrte und nun durch ihn zu guten Werken Instandgesetzte. *Das* Gute war dementsprechend entweder das splendidum vitium [glänzende Laster] des Heiden oder aber die Frucht des Heiligen Geistes. Damit war nun freilich die Frage nach dem Verhältnis Jesu Christi zum Guten keineswegs erschöpft, vielmehr wurde durch die Vernachlässigung dieser Frage aus dem Evangelium nur noch der Bekehrungsruf und Sündentrost für Trinker, Ehebrecher und Lasterhafte aller Art und das Evangelium verlor seine Kraft an den Guten. Über die Bekehrung des Guten zu Christus wusste man wenig zu sagen.

Wenn wir uns genötigt sehen, nun gerade diese Frage neu zu stellen und zu durchdenken, so müssen wir vorausschicken, dass wir hier den Begriff des Guten zunächst in seiner größten Weite verstehen wollen, also einfach in seinem Gegensatz zum Lasterhaften, Gesetzlosen, Anstößigen, zur öffentlichen Übertretung des sittlichen Gesetzes, wie dieses auch im Einzelnen immer verstanden sei, mit biblischen Worten das Gute in seinem Gegensatz zum Zöllner und zur Dirne, wobei der Bereich des Guten die verschiedensten Abstufungen enthält von der rein äußerlichen Wahrung der Ordnung bis zur innerlichsten Selbstprüfung und Charakterbildung, bis zur persönlichen Aufopferung für die höchsten menschlichen Werte. Im berechtigten Affekt gegen eine bürgerliche Saturiertheit, der das Gute einfach als Vorstufe des Christlichen galt, wobei der Aufstieg vom Guten zum Christlichen sich mehr oder weniger ohne Bruch vollziehen sollte – im Protest gegen diese bequeme Verkehrung des Evangeliums ist uns nun im Laufe des 19. Jahrhunderts vereinzelt und dann besonders in den letzten 20 Jahren eine ebenso gefährliche Entstellung des Evangeliums im umgekehrten Sinne mit großer Leidenschaft vorgetragen worden. An die Stelle der Rechtfertigung des Guten ist die Rechtfertigung des Bösen getreten, an der Stelle der Idealisierung des Bürgerlichen gefiel man sich in der Idealisierung des Unbürgerlichen, des Ordnungswidrigen, des Chaotischen, des Anarchischen, des Katastrophalen; die göttlich verzeihende Liebe Jesu zu der großen Sünderin, zu der Ehebrecherin, zum Zöllner wurde verzerrt zu einer – psychologisch oder politisch motivierten – christlichen Sanktionierung der unbürgerlichen „Randexistenzen" der Prostituierten und des Vaterlandsverräters. Aus dem Evangelium der Sünder, um dessen Gewalt es ging, war, ohne dass man es wollte, eine Empfehlung der Sünde geworden. Das Gute – in seinem bürgerlichen Sinne – verfiel dem Gelächter.

Über die Möglichkeit des Wortes der Kirche an die Welt

Einführung

Den konkreten Hintergrund dieses Abschnitts der „Ethik" bildet Bonhoeffers Mitarbeit in den ökumenischen Organisationen seiner Zeit (vor allem als Jugendsekretär des Weltbunds für Freundschaftsarbeit der Kirchen, einer der Vorgängerorganisationen des Ökumenischen Rats der Kirchen in Genf). Dabei hat er zusammen mit den anderen Mitarbeitern in der Ökumene beobachtet, dass die weltweite Christenheit sich nicht länger mit einer dogmatisch korrekten christlichen Verkündigung zufriedengibt (197f./355). *Sie erwartet keine Prinzipien mehr, sondern konkrete Weisung für die konkrete Situation.*

Bonhoeffer ist der Meinung, dass es nicht die Aufgabe der Kirche sei, Lösungen für alle weltlichen Probleme vorzugeben. Er ist aber gleichzeitig überzeugt, dass es die Aufgabe der Kirche ist, „vom Christentum her zu den weltlichen Dingen etwas Bestimmtes zu sagen" (197f./355). *An anderer Stelle spricht Bonhoeffer vom „konkreten Gebot", das die Welt zu Recht von der Kirche erwartet. Allerdings meint er, dass diese an sich berechtigte Erwartung näher qualifiziert werden muss: Das Evangelium ist primär nicht Lösung, sondern Erlösung, d. h., für die Lösung der menschlichen Probleme ist die Frage der Erlösung entscheidend. Es muss die Perspektive von oben, der Blickwinkel Gottes, ins Gespräch gebracht werden. Bonhoeffer rechnet sogar damit, dass für*

Gott paradoxerweise die Ungelöstheit weltlicher Probleme wichtiger sein kann als ihre Lösung, um Menschen auf diese Weise auf ihre Erlösungsbedürftigkeit hinzuweisen. Aufgabe der Kirche ist es, die menschlichen Probleme aus der Perspektive Gottes, d. h. vom Evangelium her, zu betrachten und so zu ihrer Lösung zu kommen. Da es für Bonhoeffer kein unmittelbares Verhältnis der Kirche zu den Dingen der Welt geben kann, kann sie nur von der Offenbarung Jesu Christi her zu den menschlichen Problemen mit Vollmacht sprechen. Bonhoeffer lehnt deshalb allein vom Naturrecht oder dem allgemeinen Menschenrecht ausgehende kirchliche Stellungnahmen ab (197f./358). *Auch die Menschen- und Naturrechte sind nämlich in Jesus Christus begründet. Das Wort der Kirche an die Welt kann immer nur in der Gestalt von Gesetz und Evangelium ergehen, wie es in der Bibel bezeugt ist.*

Auf diesem theologischen Hintergrund hält Bonhoeffer dann auch ein Wort der Kirche im Hinblick auf die Neuordnung der gesellschaftlichen Verhältnisse nach dem Krieg für möglich und angebracht. In diesem Zusammenhang kann die Kirche z. B. negativ eine bestimmte Wirtschaftsform als mit dem Evangelium unvereinbar bezeichnen, sie wird aber positiv immer nur „in der Autorität des verantwortlichen Rates christlicher Fachleute ihren Beitrag zu einer Neuordnung" geben (204/364). *Bonhoeffers Überlegungen lassen ein doppeltes Bestreben erkennen: Er will sowohl verhindern, dass die kirchliche Verkündigung in allgemeinen Richtigkeiten stecken bleibt, als auch, dass sie mit parteipolitischen Aussagen verwechselbar ist. Voraussetzung dafür ist ihre Prägung durch die biblische Offenbarung.*

1. Was steckt hinter dem in der ganzen Christenheit der Welt erwachenden Verlangen nach dem lösenden Wort der Kirche an die Welt? Im Wesentlichen folgende Gedanken: Die sozialen, wirtschaftlichen, politischen etc. Probleme der Welt sind

uns über den Kopf gewachsen, die vorhandenen ideologischen und praktischen Lösungsangebote versagen sämtlich; die Welt des technischen Fortschrittes ist damit an ihre Grenze gekommen; der Wagen ist in den Schlamm geraten, die Räder drehen sich mit Höchstgeschwindigkeit und können den Wagen doch nicht herausziehen; die Probleme sind in ihrer Breite und ihrer Art so allgemein menschlich, dass eine ganz grundsätzliche Hilfe nötig geworden ist; die Kirche hat angesichts des sozialen, ökonomischen, politischen, sexuellen, pädagogischen Problems bisher versagt; sie hat durch eigene Schuld ein Ärgernis gegeben, das die Menschen daran hindert, ihrer Botschaft zu glauben. „Weh dem, der eins dieser Kleinen ärgert ..." (Mt 18,6). Die dogmatisch korrekte Ausrichtung der christlichen Verkündigung genügt nicht; eine [Verkündigung] allgemeiner ethischer Prinzipien auch nicht; konkrete Weisung in der konkreten Situation ist nötig. Die geistigen Kräfte, auf denen die Kirche ruht, sind noch nicht ausgeschöpft. Die Christen der Welt sind einander näher gerückt denn je. Gemeinsam müssen sie an die Aufgabe gehen, das Wort der Kirche zu sagen. Kurz: Die Kirche soll *Lösungen* für die ungelösten Fragen der Welt bieten und damit ihren Auftrag erfüllen und ihre Autorität wiederherstellen. Wir erkennen sofort, dass hier richtige und verkehrte Motive eng miteinander verwoben sind.

2. Wir fragen: Ist es richtig, dass es Aufgabe der Kirche ist, der Welt heute Lösungen für ihre Fragen anzubieten? *Gibt es überhaupt christliche Lösungen* für weltliche Probleme? Es kommt offenbar darauf an, was gemeint ist: Meint man, dass das Christentum für *alle* sozialen, politischen Fragen der Welt eine Antwort hätte, sodass man nur auf diese christlichen Antworten zu hören hätte, um die Welt in Ordnung zu bringen, so ist das offenbar ein Irrtum. Meint man, dass es vom Christentum her zu den weltlichen Dingen etwas Be-

stimmtes zu sagen gibt, so ist das richtig. Der Gedanke, dass die Kirche über die christliche Lösung aller weltlichen Probleme prinzipiell verfüge und sich nur noch nicht genug Mühe darum gegeben habe, ist besonders im angelsächsischen Denken verbreitet. Dazu ist zu sagen:

a.) Jesus beschäftigt sich so gut wie gar nicht mit der Lösung weltlicher Probleme; wo er dazu aufgefordert wird, weicht er merkwürdig aus (Mt 22,15; Lk 12,13), wie er überhaupt auf Fragen der Menschen fast nie direkt, sondern von einer ganz anderen Ebene her, antwortet. Sein Wort ist nicht Antwort auf menschliche Fragen und Probleme, sondern die göttliche Antwort auf die göttliche Frage an den Menschen. Sein Wort ist wesentlich nicht von unten, sondern von oben her bestimmt, nicht Lösung, sondern *Erlösung.* Nicht aus der Entzweiung menschlicher Problematik des Guten und des Bösen, sondern aus der vollständigen Einheit des Sohnes mit dem Willen des Vaters kommt sein Wort. Er steht jenseits aller menschlichen Problematik. Das muss zuerst einmal verstanden sein. Weil Jesus statt der Lösung von Problemen die Erlösung des Menschen bringt, darum bringt er aber auch wirklich die Lösung aller menschlichen Probleme – „es wird alles zufallen" – nur von ganz anderer Warte her.

b.) Wer sagt uns eigentlich, dass alle weltlichen Probleme gelöst werden sollen und können? Vielleicht ist Gott die Ungelöstheit dieser Probleme wichtiger als ihre Lösung, nämlich als Hinweis auf den Sündenfall des Menschen und auf Gottes Erlösung. Vielleicht sind die Probleme der Menschen so verstrickt, so falsch gestellt, dass sie eben wirklich nicht zu lösen sind. (Das Problem von Armen und Reichen wird sich eben nie anders lösen lassen, als indem es ungelöst bleibt.)

c.) Der gegen irgendwelche weltlichen Übel organisierte Kampf der Kirchen, „campaigne", „crusade" – eine Fortsetzung des mittelalterlichen Kreuzzugsgedankens, der im Luthertum fast vollständig überwunden worden ist –, gehört in den angelsächsischen Ländern zu den charakteristischen Merkmalen kirchlichen Lebens. – Beispiele: Sklaverei, Prohibition, Völkerbund – aber gerade diese Beispiele zeigen zugleich die Krisis solcher „Kreuzzüge“ – die Aufhebung der Sklaverei geschah etwa gleichzeitig mit der Entstehung des englischen Industrieproletariats (man könnte sagen: Die Welt lässt sich nicht um ihr Recht bringen), die Prohibition, hauptsächlich von den Methodisten erzwungen, führte zu schlimmeren Erfahrungen als die Zeit vorher, sodass die Methodisten selbst für ihre Abschaffung eintraten (eine entscheidende Erfahrung für die amerikanischen Kirchen), der Völkerbund, der die Überwindung des Nationalismus zum Ziel hatte, führte zu dessen äußerster Verschärfung. Solche Erfahrungen geben für die Frage, wieweit die Kirche zur Lösung weltlicher Probleme berufen sei, ernstlich zu denken. „Gott in der Faust“ (Hiob 12,6).

d.) Das Denken, das von den menschlichen Problemen ausgeht und von dorther nach Lösungen fragt, muss überwunden werden, es ist unbiblisch. Nicht von der Welt zu Gott, sondern von Gott zur Welt geht der Weg Jesu Christi und daher der Weg alles christlichen Denkens. Das bedeutet, dass das Evangelium sein Wesen nicht darin hat, weltliche Probleme zu lösen und dass darin auch nicht die wesentliche Aufgabe der Kirche bestehen kann. Daraus folgt nun allerdings nicht, dass die Kirche in dieser Hinsicht gar keine Aufgabe hätte. *Welches ihre legitime Aufgabe ist, aber erkennen wir erst, wenn wir den rechten Ansatzpunkt gefunden haben.*

3. Das Wort der Kirche an die Welt kann kein anderes sein als das Wort Gottes an die Welt. Dieses heißt: Jesus Christus und das Heil in diesem Namen. In Jesus Christus ist Gottes Verhältnis zur Welt bestimmt, ein anderes Verhältnis Gottes zur Welt außer durch Jesus Christus kennen wir nicht. Daher gibt es auch für die Kirche kein anderes Verhältnis zur Welt

als durch Jesus Christus; das heißt, nicht von einem Naturrecht, Vernunftrecht, allgemeinen Menschenrecht aus, sondern *allein* vom Evangelium von Jesus Christus aus ergibt sich das richtige Verhältnis der Kirche zur Welt.

a. Das Wort der Kirche an die Welt ist das Wort vom Kommen Gottes ins Fleisch, von der Liebe Gottes zur Welt in der Sendung seines Sohnes, vom Gericht Gottes über den Unglauben; das Wort der Kirche ist der Ruf zur Umkehr, zum Glauben an Gottes Liebe in Christus, zum Sich-Bereiten auf die Wiederkunft Christi, auf das kommende Reich Gottes. Es ist also Wort der Erlösung für alle Menschen.

b. Das Wort von der Liebe Gottes zur Welt stellt die Gemeinde in ein *verantwortliches* Verhältnis zur Welt. In Wort und Handeln hat die Gemeinde der Welt den Glauben an Christus zu bezeugen, allem Ärgernis zu wehren und dem Evangelium in der Welt Raum zu schaffen. Wo diese Verantwortung verleugnet wird, wird Christus verleugnet; denn es ist die Verantwortung, die der Liebe Gottes zur Welt entspricht.

c. Die Gemeinde erkennt und bezeugt Gottes *Liebe* zur Welt in Jesus Christus als *Gesetz* und als *Evangelium.* Beides lässt sich niemals trennen, aber auch niemals identifizieren. Es gibt keine Gesetzespredigt ohne Evangelium und keine Evangeliumspredigt ohne Gesetz. Es ist also keinesfalls so, dass das Gesetz der Welt, das Evangelium aber der Gemeinde gelte, vielmehr gilt Gesetz und Evangelium in gleicher Weise der Welt und der Gemeinde. Was immer das Wort der Kirche an die Welt sei, es kann nur *Gesetz und. Evangelium* sein.

1.) Damit ist bestritten, dass die Kirche zu der Welt von der Grundlage irgendwelcher mit der Welt gemeinsamer Vernunft oder naturrechtlicher Erkenntnisse her sprechen könnte, also unter zeitweiliger Absehung vom Evangelium. Das kann die Kirche der Reformation im Unterschied zur katholischen Kirche *nicht,*

2.) folgt daraus die Bestreitung einer doppelten kirchlichen Moral, nämlich einer solchen für die Welt und einer solchen für die Gemeinde, einer solchen für die Heiden und einer solchen für die Christen, einer solchen für den Christen im weltlichen Beruf und einer solchen für den homo religiosus [religiöser Mensch].

Das ganze Gesetz und das ganze Evangelium Gottes gehören in gleicher Weise allen Menschen. Der Einwand: Die Kirche fordere in der Welt die Aufrechterhaltung der Rechtsordnung, des Eigentums, der Ehre, vom Christen aber den Verzicht auf dies alles, in der Welt müsse Vergeltung und Gewalt, bei den Christen aber Vergebung und Unrechtleiden geübt werden – dieser Einwand, der auf eine doppelte christliche Moral hinauswill und weit verbreitet ist, geht von einem falschen Verständnis des Wortes Gottes aus. Wenn der Dekalog das Recht auf Leben, Ehe, Eigentum, Ehre des Menschen im Namen Gottes gewahrt wissen will, so bedeutet das nicht, dass diese Rechtsordnungen an und für sich einen absoluten göttlichen Wert hätten, sondern nur dass in und über ihnen Gott allein geehrt und angebetet sein will. Darum ist die 2. Tafel von der ersten niemals zu trennen. Die Ordnungen sind also nicht eine zweite göttliche Instanz neben dem Gott Jesu Christi, sondern sie sind der Ort, an dem der Gott Jesu Christi sich Gehorsam schafft; *nicht um die Ordnungen an sich,* sondern *um den Glaubensgehorsam in ihnen geht es in Gottes Wort.* Wiederum ist der Ruf Jesu, in seiner Nachfolge auf das eigene Recht zu verzichten, Leben, Ehe, Ehre, Eigentum hinzugeben um der Gemeinschaft mit Jesus willen, nicht eine Aufstellung einer neuen absoluten Wertetafel – also etwa Selbstverleugnung gegenüber Selbstbehauptung; denn auch im Dekalog geht es nirgends um Selbstbehauptung, sondern allein um Gottes Recht und Ehre; sondern es geht Jesus wie dem Dekalog um den konkreten Gehorsam gegen Gott; dabei kann gerade im *Verzicht* auf das eigene Recht, Eigentum,

Ehre um Gottes willen der wahre Ursprung dieser Gaben, also Gott selbst, höher geehrt werden als im Bestehen auf dem eigenen Recht, das das Recht Gottes dann leicht verdunkeln könnte. Die Forderung Jesu an den reichen Jüngling, von einem seiner Rechte zu lassen, macht es gerade deutlich, dass sein „Halten der Zehn Gebote von Jugend auf" kein Gehorsam gegen Gott gewesen war, sondern ein Absehen von dem lebendigen Gott mitten in der Wahrung der sogenannten göttlichen Ordnungen. Dekalog und Bergpredigt sind also nicht zwei verschiedene ethische Ideale, sondern der *eine* Ruf zum konkreten Gehorsam gegen den Gott und Vater Jesu Christi. Wo im Glauben an Gott die Ordnung des Eigentums bejaht und verantwortet wird, dort geschieht nichts anderes als wo im Glauben an Gott auf das Eigentum Verzicht geleistet wird. Weder der „Kampf ums Recht" noch der „Verzicht auf Recht" sind an sich etwas, also etwa eigener Gegenstand der kirchlichen Verkündigung, aber im Glauben ist das eine wie das andere Unterwerfung unter Gottes alleiniges Recht.

Es gibt also nicht eine doppelte Wertetafel, für die Welt und für die Christen, sondern es ist das *eine* Glauben und Gehorsam fordernde Wort Gottes, das allen Menschen gilt. Dabei wäre es auch verfehlt, in der Verkündigung an die Welt stärker den Kampf um das Recht, in der Verkündigung an die Gemeinde stärker den Verzicht auf das Recht zu betonen. *Beides* gilt Welt und Gemeinde. Die Behauptung, mit der Bergpredigt lasse sich nicht regieren, kommt aus einem Missverständnis der Bergpredigt. Auch eine Staatsführung kann kämpfend und verzichtend Gott ehren und nur darum geht es der Verkündigung der Kirche. Es ist niemals die Aufgabe der Kirche, dem Staat den natürlichen Selbsterhaltungstrieb zu predigen, sondern allein den Gehorsam gegen das Recht Gottes. Das ist zweierlei. *Die Verkündigung der Kirche an die Welt kann immer nur Jesus Christus in Gesetz und Evangelium sein. Die zweite Tafel ist von der ersten nicht zu trennen.*

4. Indem die Kirche Einzelne und Völker zum Glauben und Gehorsam gegen die Offenbarung Gottes in Jesus Christus ruft, bezeichnet sie zugleich einen Raum, in dem dieser Glaube und dieser Gehorsam zum Mindesten nicht unmöglich gemacht wird, dieser Raum ist durch die Zehn Gebote abgesteckt. Wo keine sichtbare Übertretung der Zehn Gebote ist, dort ist zum Mindesten kein Ärgernis gegeben, das am Glauben hindert. Die Kirche kann zwar nicht eine konkrete irdische Ordnung, die aus dem Glauben an Jesus Christus notwendig folgt, verkündigen, aber sie kann und muss jeder konkreten Ordnung, die ein Ärgernis für den Glauben an Jesus Christus bedeutet, entgegentreten und dadurch mindestens negativ die Grenzen abstecken für eine Ordnung, innerhalb deren Jesus Christus geglaubt und Gehorsam geleistet werden kann. Diese Grenzen sind in allgemeinster Form im Dekalog gezogen, in concreto werden sie immer neu bezeichnet werden müssen. In allem, was die Kirche zu den Ordnungen der Welt zu sagen hat, kann sie nur *wegbereitend* für das Kommen Jesu Christi wirken, wobei das wirkliche Kommen Jesu Christi selbst in dessen eigenster Freiheit und Gnade liegt. Weil Jesus Christus gekommen ist und wiederkommt, darum muss ihm überall in der Welt der Weg bereitet werden, darum allein also hat es die Kirche auch mit den weltlichen Ordnungen zu tun. Also: Allein aus der Christuspredigt folgt das Wort der Kirche über die irdischen Ordnungen, nicht aber gibt es eine eigene, an und für sich gültige, Lehre der Kirche über ewige Ordnungen und Rechte der Natur und der Menschen, die auch unabhängig vom Glauben an Christus Anerkennung fordern könnte. Menschen- und Naturrechte gibt es nur von Christus her, das heißt aus Glauben.

5. Die sich hier erhebende Frage, ob wirklich die Welt und die Menschen allein um des Glaubens an Jesus Christus willen da seien, ist in dem Sinne zu bejahen, dass Jesus Christus

für die Welt und für den Menschen da war, das heißt, dass dort, wo alles auf Jesus Christus ausgerichtet wird, erst die Welt wirklich Welt und der Mensch wirklich Mensch wird, nach Mt 6,32. Gerade in der Erkenntnis, dass alles Geschaffene um Christi willen da ist und in ihm Bestand hat (Kol 1,16f.), ist die Welt und der Mensch erst ganz ernst genommen.

6. Unter diesen Voraussetzungen gibt es nun auch ein bestimmtes Interesse der Kirche nicht nur an dem punctum mathematicum [mathematischer Punkt, ohne räumliche Ausdehnung] des Glaubens, sondern auch an den empirischen Größen, wie an der Bildung einer bestimmten Gesinnung in weltlichen Fragen und an bestimmten irdischen Zuständen. Es gibt zum Beispiel bestimmte Wirtschafts- oder Sozialgesinnungen und -zustände, die dem Glauben an Christus hinderlich sind, und das heißt, auch das Wesen des Menschen und der Welt zerstören. Es ist zum Beispiel die Frage, ob der Kapitalismus oder Sozialismus oder Kollektivismus solche Glauben hindernde Wirtschaftsgestalten sind. Für die Kirche gibt es hier ein *doppeltes Verhalten*: Sie wird *einerseits* abgrenzend negativ in der Autorität des Wortes Gottes solche Wirtschaftsgesinnungen oder -formen als verwerflich erklären müssen, die den Glauben an Christus offensichtlich hindern. *Andererseits* wird sie positiv nicht in der Autorität des Wortes Gottes, sondern nur in der Autorität des verantwortlichen Rates christlicher Fachmänner ihren Beitrag zu einer Neuordnung geben können. Beide Aufgaben sind streng zu unterscheiden. Diese erste Aufgabe ist die des Amtes, die zweite die der Diakonie, die erste göttlich, die zweite irdisch, die erste die des göttlichen Wortes, die zweite die des christlichen Lebens. Hier aber gilt: doctrina est coelum, vita est terra [Lehre ist Himmel, Leben ist Erde] (Luther).

7. Von hier aus löst sich das viel verhandelte Problem der *Eigengesetzlichkeit* der weltlichen Ordnungen. Die Betonung der Eigengesetzlichkeit, zum Beispiel des Staates, hat ihren Sinn gegenüber einer Heteronomie kirchlicher Theokratie; vor Gott aber gibt es keine Eigengesetzlichkeit, sondern das Gesetz des in Jesus Christus offenbarten Gottes ist das Gesetz aller irdischen Ordnungen. Die Grenzen jeder Eigengesetzlichkeit werden in der kirchlichen Verkündigung des Wortes Gottes offenbar, die konkrete Gestalt des göttlichen Gesetzes in Wirtschaft, Staat etc. muss von denen erkannt und gefunden werden, die verantwortlich in Wirtschaft und Staat arbeiten. Hier könnte, wenn es nicht missverständlich wird, von einer relativen Eigengesetzlichkeit gesprochen werden.

Anmerkungen

1 Vgl. dazu im Einzelnen neben den einschlägigen Bonhoeffer-Biografien von Eberhard Bethge, Dietrich Bonhoeffer. Theologe, Christ, Zeitgenosse. Eine Biographie, Gütersloh [8]2004 und Ferdinand Schlingensiepen, Dietrich Bonhoeffer (1906–1945). Eine Biographie, München 2005; Sabine Dramm, V-Mann Gottes und der Abwehr? Dietrich Bonhoeffer und der Widerstand, Gütersloh 2005.

2 Vgl. dazu Marikje Schmid, Hans von Dohnanyi/Christine Bonhoeffer. Eine Ehe im Widerstand gegen Hitler, Gütersloh 2002.

3 Vgl. dazu das Nachwort der Herausgeber zu Dietrich Bonhoeffer, Ethik, hg. von Ilse Tödt u.a., DBW, Bd. 6, Gütersloh [2]1998, 430.

4 Dietrich Bonhoeffer, Du wartest jede Stunde mit mir. Die Briefe aus dem Gefängnis, mit einer Einführung von Peter Zimmerling, Gießen 2019, 114.

5 A.a.O., 153.

6 Nachwort der Herausgeber zu DBW, Bd. 6, 424.

7 A.a.O., 420.

8 A.a.O., 422.

9 A.a.O., 413.

10 Dietrich Bonhoeffer, Illegale Theologenausbildung: Sammelvikariate (1937–1940), hg. von Dirk Schulz, DBW, Bd. 15, Gütersloh 1998, 298 (Brief vom 7.3.1940).

11 Einen instruktiven Einblick gewährt: Martin Hailer, Bonhoeffers „Fragmente zur Ethik" und ihre Rezeption in der Ethik-Diskussion in Protestantismus und Gesamtkirche, in: Dietrich Bonhoeffer Jahrbuch 4, 2009/2010, 191–218.

12 DBW, Bd. 8, 541; vgl. auch Bonhoeffer, Du wartest jede Stunde mit mir, 360.

13 Dietrich Bonhoeffer, Konspiration und Haft (1940–1945), hg. von Jørgen Glenthøj u.a., DBW, Bd. 16, Gütersloh 1996, 554.

14 A.a.O., 555.

15 DBW, Bd. 6, 347.

16 Ebd.

17 A.a.O., 561.

18 A.a.O., 562.

19 DBW, Bd. 6, 54f, Anm. 70.

20 Wie z. B. Georg Huntemann, Der andere Bonhoeffer. Die Herausforderung des Modernismus, Wuppertal/Zürich 1989.

21 Vgl. dazu im Einzelnen Rainer Mayer, Die Bedeutung von Bonhoeffers Mandatenlehre für eine moderne politische Ethik, in: ders./Peter Zimmerling, Dietrich Bonhoeffer heute. Die Aktualität seines Lebens und Werkes, Gießen [3]1995, 63.

22 DBW, Bd. 8, 1998, 558.560; vgl. auch Bonhoeffer, Aber bei dir ist Licht, 127f.129.

23 DBW, Bd. 8, 244f; vgl. auch Bonhoeffer, Du wartest jede Stunde mit mir, 161.

24 Zum Ansatz Bonhoeffers im Vergleich: Hans Jonas, Das Prinzip Verantwortung. Versuch einer Ethik für die technologische Zivilisation, Frankfurt a. M. 1979 (seitdem mehrere Auflagen).

25 Wolfgang Huber ergänzt als viertes Kriterium das Wagnis. Bonhoeffer selbst spricht eher von Freiheit, wobei in meinen Augen Verantwortungsübernahme Freiheit bzw. Wagnis einschließt, weil ohne die Voraussetzung der Freiheit gar kein verantwortliches Handeln

denkbar ist (Wolfgang Huber, Dietrich Bonhoeffer. Auf dem Weg zur Freiheit. Ein Porträt, München 2019, 221).

[26] DBW, Bd. 8, 38; vgl. auch Bonhoeffer, Aber bei dir ist das Licht, 41f.

[27] Bonhoeffer bezieht sich hier auf eine seltenere Textlesart, die nicht in den Haupttext des griechischen neuen Testaments aufgenommen wurde, sondern sich im textkritischen Apperat findet.

[28] DBW, Bd. 4, 29; vgl. auch Bonhoeffer, Nachfolge, 40.